阿米巴
经营会计

胡八一◎著

中国经济出版社
CHINA ECONOMIC PUBLISHING HOUSE

图书在版编目（CIP）数据

阿米巴经营会计 / 胡八一著. --2 版. --北京：中国经济出版社，2023.7

ISBN 978-7-5136-7348-8

Ⅰ.①阿… Ⅱ.①胡… Ⅲ.①企业管理-会计 Ⅳ.①F275.2

中国国家版本馆 CIP 数据核字（2023）第 106073 号

责任编辑 贾轶杰
责任印制 马小宾
封面设计 久品轩

出版发行 中国经济出版社
印 刷 者 北京力信诚印刷有限公司
经 销 者 各地新华书店
开　　本 880mm×1230mm 1/32
印　　张 9.625
字　　数 184 千字
版　　次 2023 年 7 月第 2 版
印　　次 2023 年 7 月第 1 次
定　　价 58.00 元
广告经营许可证 京西工商广字第 8179 号

中国经济出版社 **网址** www.economyph.com **社址** 北京市东城区安定门外大街 58 号 **邮编** 100011

唯有落地，方能生根

——阿米巴经营模式在中国的落地生根

阿米巴经营模式是什么？

阿米巴乃是一种单体细胞微生物，它能通过自身不断分裂复制，而且为了适应外在条件发生变形。稻盛和夫据其两个特点，结合松下电器事业部制，创立阿米巴经营模式。

所谓阿米巴经营模式，简而言之，即把公司分成多个自主经营单元（即阿米巴），每个经营单元均需独立核算、承担盈亏；持抱利他共赢理念，鼓励员工增加收入、降低费用；最后利益共享，同创幸福企业。

三字以蔽之：分、算、奖！

阿米巴经营模式有何高效见证？

计划经济时代，领导高调引入苏联管理模式，然后计划不再、苏联不在，自然也就引而不入。

改革开放之后，市间自觉学习日本管理模式、美国管理模式，诸如全面质量管理、精准生产、整合营销传播、波特战略等，也只是片段而非整体。

唯有阿米巴经营模式，上自经营哲学启志、中到组织设计技术、下抵日常表格操作，事及全员，而非某些职能部门，于是持续产生高效。

先是稻盛老人业绩可叹，如今国人耳熟能详：

◆自创京瓷，伊始维艰，人数区区不过半百、厂房区区不过三间，用巴之后，业绩持续翻番，荣登世界500强榜！

◆组建日本第二电信，整合多方人才资金，用巴之后，打破垄断、冲出重围，业务从零开始，再攀世界500强榜！

◆日本航空巨亏，濒临倒闭，鸠山首相三顾茅庐，稻盛老人八十高龄下山，用巴之后，一年扭亏为盈，反超同行！

再看中国企业，虽然名不称“巴”，却也异曲同工，收效极佳！

◆上海大众力推“经营体”；

◆海尔集团奉行“自主经营体”、SBU（战略事业单元）；

◆阿里巴巴内分级、多个“经济单元”。

阿米巴经营模式为何能够产生极高收益？

首先，阿米巴经营模式符合人性。

它从人性方面思考，形成经营哲学，正确引导经营方法，而非舍本求末，以为某种管理方法即是“绝招”。

以下三个问题的答案即从人性角度思考得出，而非管理学科。

◆为何只有老板关注经营利润，员工却只关注做事本身？

因为我的工作距离利润太远，没法关注！

◆为何部门之间总爱扯皮推诿，最终只有老板才能协调解决？

因为他们互是同事关系，而非买卖关系！

◆为何员工总是觉得工资不够满意，却把原因归为老板小气？

因为工资是由老板给的，不是他们买卖赚来的！

其次，阿米巴经营模式能够满足时代需要。

当下员工多数不为生存安全而去工作，他们需求人格尊重、精神自由，满足这种心理需求之举，莫过“我有地盘，我能做主”！好吧，给你一个阿米巴，你去做主！

“互联网+”已让千万“草根”创业成功；中央号令“大众创业、万众创新”、地方政府鼓励创业津贴层出不穷，哪个不曾蠢蠢欲动？老板若不内部满足员工创业冲动，员工必将外出创业。好吧，给你一个阿米巴，你去创业！

最后，阿米巴经营模式提供了技术保障。

好心未必办成好事，皆因方法不对；慈悲未必修得善果，全是智慧不足。一味符合人性、一味满足员工当然也就未必成功。

励志大师叫嚣成功，可是从来不曾给出成功的逻辑、成功的阶梯，以为充满激情，便可成功。结果泱泱弟子除了再去叫嚣励志，别无成功！

阿米巴经营模式则不然，包含如何分巴，如何内部定价，如何建立内部交易规则，如何核算收入、成本，如何分析本巴盈亏，如何改善不良，如何分享收益……唯一所剩，就是你的行动！

阿米巴经营模式是否适合中国企业？

古今中外之人，虽有认知差异，从而形成文化差异、观念差异，然而人心、人性无异！

管仲新政，故有齐桓九合诸侯，无非分、算、奖；

商鞅变法，故有大秦一统天下，无非分、算、奖；

明治维新，故有日本赶超亚欧，无非分、算、奖；

小平改革，故有中国平视世界，无非分、算、奖；

对应前边所述三个人性问题，解决方案无非分、算、奖！

故此，这个问题不是问题，下个问题才是问题！

阿米巴经营模式如何落地中国企业?

即使汽车进口到中国，有时也需部分改装，旨在适应中国驾驶环境，何况人文理念、经营模式？也该扬弃！原因有三：

其一，中国企业经营的外在空间广阔，开源与发展仍是中国企业之主流旋律，而日企则不然。因此，阿米巴落地中国，首在理清战略，继而开源节流。

其二，中国企业管理的内在基础较弱，建制与完善乃是中国企业之必修内功，而日企则不然。因此，阿米巴落地中国，首在架构重组，继而分巴交易。

其三，中国社会环境的客观影响很大，物质与精神总在中国企业之中动态平衡，而日企则不然。因此，阿米巴落地中国，首在提升经营，继而转变人文。

稻盛老人来华数次，宣传理念；成立塾式机构若干，诵读精进。然而理念如不加以技术落地，则是空谈，空谈误国！

至于如何加以技术落地，正是本系列宗旨，共分三本。内容详见后文，在此概述如下：

第一本《阿米巴组织划分》，主要讲述阿米巴组织变革；

第二本《阿米巴经营会计》，主要讲述阿米巴经营核算；

第三本《阿米巴团队激励》，主要讲述阿米巴体系运营。

我们敬重稻盛老人，但非膜拜；我们学习阿米巴，但非照抄！

书中内容，乃是一家之言，供您参考、探讨。

愿您成功！

得以成书，非常感谢柏明顿的客户们！非常感谢我的顾问伙伴们，特别是柏明顿资深顾问魏海燕、陈扬名等人，为本书提供大量案例、图表、数据。

是为序。

柏明顿管理咨询首席顾问 胡八一

huby@ pmt. net. cn www. pmt. net. cn

2016 年 11 月 28 日 亚特兰大

前言
INTRODUCTION

企业成功实施阿米巴经营模式，其标志就是导入阿米巴经营会计体系。

阿米巴经营会计是阿米巴经营体系最直接的落地工具，能够解决管理会计和财务会计解决不了的问题，直接为阿米巴经营服务。

阿米巴经营会计最大的功能是实现可视化经营。

传统财务会计报表，是对企业经营的“无创造性”记录，是财务专业人员做的事。作为非财务专业的经营者，无法快速通过繁多的数据厘清经营状况。阿米巴经营会计紧紧抓住与经营相关的核心数据，时刻盯着这些数据的变化，并把数据运用到工作流程中，形成高效易懂的阿米巴经营会计报表，运用数据促进经营。

阿米巴经营会计的价值不在于阿米巴报表核算数据有多么准确，而是通过经营会计报表，激发巴长及其成员的经营意识，及时反映阿米巴经营状况。

经营会计报表的主要魅力就在于它的通俗易懂和简单明

了，让企业家第一时间快速掌握企业经营状况。

阿米巴经营会计是一套严密的体系，决策者需要掌握其要领。

本部分内容为决策者和巴长应知应会，并熟练应用。

目录
CONTENTS

01 第一章 阿米巴经营会计概述

02 第二章 阿米巴经营会计科目

08 第八章 阿米巴经营分析及落地实操

第一章

阿米巴经营会计概述

企业经营的核心问题，即如何提高销售额、如何减少费用的问题。日本京瓷公司和KDDI之所以几十年保持高利润，日本航空之所以能够从濒临破产迅速成为全球行业盈利冠军，都是按照“销售额最大化、经费最小化”这条异常简单的原则来运营整个企业的。

为了持续创造高收益，企业除了要依照正确的原则划分阿米巴组织，正确的会计体系同样必不可少，而这门重要的会计体系就是——经营会计。

经营会计是阿米巴经营的重要落地工具。其概要如图1－1所示。

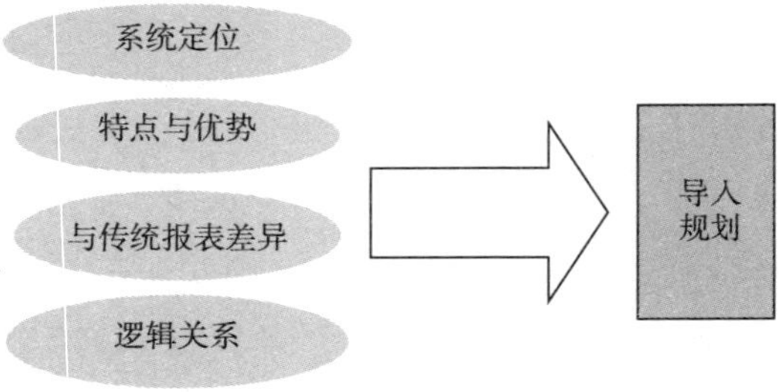

图 1－1　阿米巴经营会计概要

本章目标

1. 了解：阿米巴经营会计的特点与优势。
2. 理解：经营会计报表与财务会计报表的异同。
3. 理解：经营会计的逻辑关系。
4. 操作：制定公司的阿米巴经营会计报表体系规划。
5. 了解：阿米巴经营模式对财务的要求。

形成成果

1. 阿米巴经营会计报表体系规划和导入时间表。
2. 阿米巴经营的标志。

第一节 阿米巴经营会计的特点与优势

提示

本节内容是进入阿米巴经营会计体系的钥匙，需要深刻理解，不需要进行操作和形成方案。

为了持续创造高利润，企业除了要依照正确的原理和原则展开经营活动，正确的会计体系同样必不可少，而这门重要的会计体系就是——经营会计。

阿米巴经营会计是基于牢固的经营哲学和精细的独立核算管理，把组织划分成一个个小的团体，通过与市场直接联系的独立核算制，实现全员参与的核算方式。其主要特点是：层级管理、组织细化、全员参与、自主经营。

经营会计是实践阿米巴经营必备的系统量化工具。与源于西方的财务会计、管理会计不同，经营会计源于日本，由“经营之神”松下幸之助最早发明，是一门直接以促进经营提升为目的的会计体系。

经营会计以数据反馈现场，及时应对市场变化。阿米巴经营会计是反映阿米巴整体经营状况的一套核算体系，可以清晰地表明阿米巴的损益状况。只有将复杂问题简单化，才能让阿米巴全体员工都了解。在阿米巴经营模式里面，“人人都是经营者”，只有掌握了现场的经营数据，阿米巴管理者才能准确地做出决策。这也是阿米巴经营的精髓所在。

对于会计的重要性，我们以一个比喻来说明：如果把经营比喻为驾驶飞机，会计数据就相当于驾驶舱仪表上的数字，机长相当于经营者，仪表必须把时时刻刻变化着的飞机的高度、速度、姿势、方向正确及时地告诉机长。如果没有仪表，就不知道飞机现在所在的位置，也就无法驾驶飞机。所以，如果企业离开了准确反映经营实际状况的会计体系，那么，经营者就无法展开有效的经营判断。

阿米巴经营会计报表的出现，解决了**“企业家如何一目了然地掌握经营实际”“如何通过量化的数据来贯彻经营者意志”的世界性难题。**

思考：阿米巴经营会计报表的价值体现在哪里？

在传统的财务会计报表中，企业管理者无法一个人从这些繁多的数据中发现企业哪一项业务能够保持盈利，哪一项业务正处于亏损状态，哪一项业务需要发展壮大，哪一项业务必须控制收缩并立即制定相应的对策。但是阿米巴经营会计能正确利用这些数据，让企业内部所有员工都时刻盯着这些数据的变化，并把数据有效运用到工作流程中，形成高效易懂的阿米巴经营会计报表，运用大数据将企业做大做强。

阿米巴经营会计报表与传统的财务会计报表的区别，主要有如下几点（见表1－1）：

表1－1 阿米巴经营会计报表与财务会计报表的区别

比较要素	财务会计报表	阿米巴经营会计报表
作用	报告财务状况和经营业绩	掌握经营状况并及时调整对策
报告对象	外部有关部门和权益相关人	各级巴长
制作者	财务会计部门	巴长
计算准则	有关法律、法规	公司内部规定
计算对象	公司的综合财务报表	各巴的经营会计报表
功能	主要核算	包括预计、预提，最后核算
报表周期	月、年	日、周、月

1. 目的对象方面

在目的对象方面，传统财务会计报表向公司的利害关系人报告公司的财务状况和经营成绩，一般服务和提供财务数据的对象是股东或最高经营者。

阿米巴经营会计的数据提供对象是企业中有巴经营行为的人。**阿米巴经营会计报表最大的特点，不在于阿米巴报表核算数据有多么准确，而在于阿米巴报表的制作者是巴长或者是巴长指定的成员。**通过阿米巴经营会计报表，可以激发巴长及其成员的经营意识，及时反映阿米巴经营状况。

思考：阿米巴经营会计对你有哪些帮助？

2. 计算周期方面

财务会计报表一般是事后计算。传统财务会计一般以月度、季度或年度为周期，对过去一个较长周期的财务数据进行统计分析。

阿米巴经营会计报表是即时反映经营状况。阿米巴经营会计报表需要及时做出来，一般做到月报，最好能做到周报。经营会计以天、周、月、年为周期，对短期内的经营状况数据进行统计分析，为经营者提供经营决策依据。

思考：如果经营报表做到周报，好处在哪里？

3. 在合规方面

财务会计报表需要符合相关的法律法规，而阿米巴经营会计报表只要符合内部规定即可。

4. 在原则和科目方面

阿米巴经营会计报表经常会有“预计”和“预提”这两项，最后才进行核算。而传统的财务会计报表主要是核算，很少有核算之后再去做预提的。

（1）预计

我们以柏明顿咨询的案例来说明。

一家公司的生产阿米巴制作经营会计报表，假如要做到周报，那么这一个月的水电费就只能预计为 2000 元，这

2000 元就要分为 4 周，1 周就是 500 元，在阿米巴经营会计报表里面的目标就是 500 元。这 500 元是阿米巴预计的，然后真正发生的事后去统计。

（2）预提

还是以柏明顿的咨询案例来说明。

某家公司的一个阿米巴每年的外部质量损失成本相当于营业额的万分之一。假如这个阿米巴实现了 1 亿元的营业额，那就可以预提 1 万元。这 1 万元到底发生在哪一天呢？哪一天会有退货呢？这是无法确定的。

阿米巴只能把 1 万元分配到十二个月，每个月阿米巴要做周报，就分成四周，这就把 1 万元的外部质量损失成本预提出来，放到了每一周，尽管这一周没有发生客户退货。

那为什么要预提呢？如果阿米巴不预提、不预计，等事后再去统计，就失去了阿米巴经营会计报表的最大价值——即时反映经营状况，促使巴长和巴员及时调整经营策略。

稻盛和夫先生曾这样说过阿米巴经营会计："无论是在公司还是出差，我都第一时间看每个部门的阿米巴经营会计报表。并且，通过销售额和费用的内容，我可以像看一个一个故事一样明白那个部门的实际状态，经营上的问题也自然而然地浮现出来。"当然，阿米巴经营会计报表除了让股东或经营者能直接看到公司的经营状况及发现问题，阿米巴经营会计还采用市场价格倒逼的方法来降低生产成本。如销售部接到订单后，发送到生产部门，生产部门会以订单上的价格为基础想尽一切办法来降低费用，以用最少的费用和成本做出最完美和客户最满意的产品，从而达到利润最大化的目的。

思考：“预计”和“预提”的重要价值是什么？

第二节　经营会计的逻辑和主要工作

提示

阿米巴经营会计的逻辑掌握起来有一定难度，不要求掌握，企业可以根据实际情况选择部分应用建立报表体系。

一、阿米巴经营会计逻辑

阿米巴经营会计的相关逻辑，对于落地阿米巴经营模式至关重要。我们通过图1－2，便可直观地了解经营会计工作内容的相关逻辑。

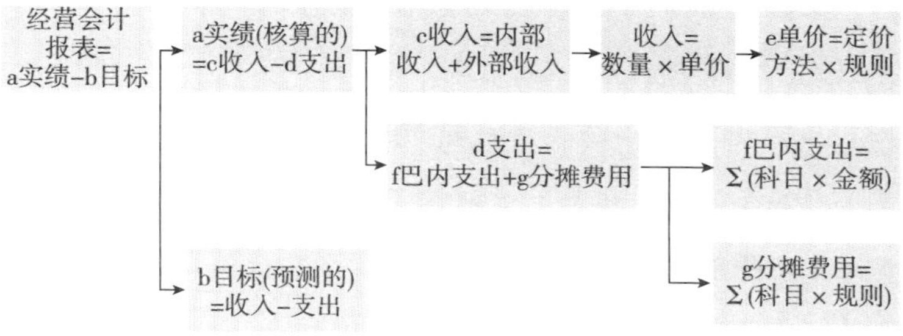

图1－2　经营会计的相关逻辑

从图 1 –2 可以看出，我们从阿米巴报表的生成来倒推阿米巴经营会计到底应该做哪些工作，它们之间是什么逻辑关系。

第一条：经营会计报表 = 实绩 – 目标

这个很容易理解，衡量一个巴的经营状况的好坏，是将实际业绩对照预测的目标。如果实际业绩超过预测的目标，就是好的；反之，就是不足的。而不是将实际业绩简单地对照上一周期的业绩，比如今年同去年比，即使有进步，也未必能够说明这个巴的经营状况良好。这是一个很重要的原则。

柏明顿咨询项目中有一家做塑料注塑件的，其中有一个改性塑料巴，2014 年对外销售改性塑料收入 2.13 亿元，对内收入 3.35 亿元，合计 5.48 亿元，净利润率为 9%，即净利润为 0.49 亿元。

2015 年定的目标是销售收入 7.2 亿元，净利润率 10%，即净利润为 0.72 亿元。

结果，当年的销售收入为 6.68 亿元，净利润率只有 9.27%，即净利润为 0.62 亿元。

如果以 2015 年的业绩对照 2014 年，无论是销售收入还是净利润率、净利润都远远超过了 2014 年，应该是很好的，但这个巴年终考核却没有达标，为什么？很简单，我要你对照的标准是 2015 年的目标，而不是 2014 年实绩。

除了以销售收入、利润、利润率作为对比维度，还可以用投资回报率、净资产收益率等作为标准。稻盛老人特别强调以单位时间的附加值作为标准。当然这也可以，但我的经验是不一定只有这一个维度。

第二条：实绩 = 收入 − 支出，目标 = 收入 − 支出

这条不用解释，实绩是指事后核算出来的真实结果，而目标只是事前预测的结果。

第三条：收入 = 内部收入 + 外部收入

一个经营性质的阿米巴，有时是可以对外销售产品或服务的。甚至如果阿米巴模式推行得好，从理论上讲，每个巴都可以对外经营，除非这是公司的核心技术、核心商业机密。

比如，人力资源部既可以对内招聘，也可以成立猎头公司对外经营，核心是不能把自己公司的人才猎到外边去谋利；再比如，上例中说到的改性塑料巴，它既对内，也对外，但不能把我们的改性塑料配方销售给内部客户的同行。

第四条：支出 = 巴内支出 + 分摊费用

每个巴肯定都有人、财、物的费用，这部分全部计入巴的经营成本。

上级单位可能是职能部门，由于没有独立的收入，而且其服务都是对内、对下的，所以他们的费用当然应该由下属的经营单元来承担。比如战略部、审计部等。至于分摊的维度，可以按营业收入、利润、人头数、使用面积等多个维度。

分摊时要注意“逐级分摊”这个概念，比如总经办的费

用分摊到生产巴和销售巴，销售巴又分为南区、北区两个二级巴，那么这两个二级巴的分摊就来自总经办、营销副总办。

第五条：单价＝定价方法×规则

这个我在后边会重点介绍，此处略。

第六条：科目

这里指各巴的财务科目一定要界定清楚，否则，巴的经营结果就计算不出来或者不准确。

比如，两台同样的设备，A 巴使用的已经折旧完毕，从财务的角度来说，它的成本为0；而B 巴使用的那台设备是刚购进的，当然需要有折旧的成本。可是这两台设备其实目前运行都非常好，日后一定时期内并不排除 A 巴的这台需要大维修，甚至要重新更换，那么这就需要界定科目与成本计算的标准了，否则就不公平。

思考：如何理解经营会计的逻辑？

二、阿米巴经营会计提升财务层级

企业已经由传统会计（核算会计）向阿米巴会计（经营会计）升级。阿米巴所追求的“销售最大化、费用最小化、利润最大化”与传统财务目标趋于一致，但在目标属性、过程管理和员工积极性等方面，阿米巴经营会计又有其特别之处（如图1－3 所示）。

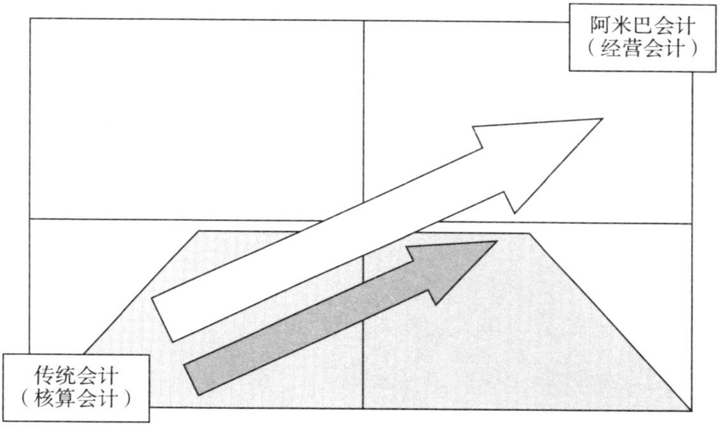

图 1－3　传统会计向阿米巴会计升级

（一）传统会计（核算会计）的主要方法

会计核算也称会计反映，是以货币为主要计量尺度，对会计主体的资金运动进行的反映。它主要是指对会计主体已经发生或已经完成的经济活动进行的事后核算，也就是会计工作中记账、算账、报账的总称。合理地组织会计核算形式是做好会计工作的一个重要条件，对于保证会计工作质量，提高会计工作效率，正确、及时地编制会计报表，满足相关会计信息使用者的需求具有重要意义。

会计核算方法主要包括以下七种：

1. 会计核算设置会计科目

设置会计科目是对会计对象的具体内容分类进行核算的方法。所谓会计科目，就是对会计对象的具体内容进行分类核算的项目。设置会计科目就是在设计会计制度时事先规定这些项目，然后根据这些项目在账簿中开立账户，分类地、连续地记录各项经济业务，反映由于各经济业务的发生而引起的各会计要素的增减变动情况和结果，为经济管理提供各种类型的会计指标。

2. 会计核算复式记账

复式记账是与单式记账相对称的一种记账方法。这种方法的特点是对每一项经济业务都要以相等的金额，同时记入两个或两个以上的有关账户。通过账户的对应关系，可以了解有关经济业务内容的来龙去脉；通过账户的平衡关系，可以检查有关业务的记录是否正确。

3. 会计核算填制和审核凭证

会计凭证是记录经济业务、明确经济责任的书面证明，是登记账簿的依据。凭证必须经过会计部门和有关部门审核。只有经过审核并认为正确无误的会计凭证，才能作为记账的根据。填制和审核会计凭证不仅为经济管理提供真实可靠的数据资料，也是实行会计监督的一个重要方面。

4. 登记账簿

账簿是用来全面、连续、系统地记录各项经济业务的簿籍，是保存会计数据资料的重要工具。登记账簿就是将会计凭证记录的经济业务，序时、分类地记入有关簿籍中设置的各个账户。登记账簿必须以凭证为依据，并定期进行结账、对账，以便为编制会计报表提供完整而系统的会计数据。

5. 会计核算成本计算

成本计算是指在生产经营过程中，按照一定对象归集和分配发生的各种费用支出，以确定该对象的总成本和单位成本的一种专门方法。通过成本计算，可以确定材料的采购成本、产品的生产成本和销售成本，可以反映和监督生产经营过程中发生的各项费用是否节约或超支，并据以确定企业盈亏情况。

6. 会计核算财产清查

财产清查是通过盘点实物、核对账目，保持账实相符的一种方法。通过财产清查，可以查明各项财产物资和货币资金的保管和使用情况，以及往来款项的结算情况，监督各类财产物资的安全与合理使用。在清查中，如发现财产物资和货币资金的实有数与账面结存数额不一致，应及时查明原因，通过一定的审批手续进行处理，并调整账簿记录，使账面数额与实存数额保持一致，以保证会计核算资料的正确性和真实性。

7. 会计核算编制会计报表

会计报表是根据账簿记录定期编制的，总括反映企业和行政事业单位特定时点（月末、季末、年末）和一定时期（月、季、年）财务状况、经营成果以及成本费用等的书面文件。会计报表提供的资料不仅是分析考核财务成本计划、预算执行情况及编制下期财务成本计划和预算的重要依据，也是进行经济决策和国民经济综合平衡工作必要的参考资料。

会计报表与上述各种会计核算方法相互联系、密切配合，构成了一个完整的方法体系。在会计核算方法体系中，就其工作程序和工作过程来说，主要有三个环节：填制和审核凭证、登记账簿和编制会计报表。在一个会计期间，所发生的经济业务都要通过这三个环节进行会计处理，将大量的经济业务转换为系统的会计信息。这个转换过程，即从填制和审核凭证到登记账簿，直至编出会计报表周而复始的变化过程，就是一般所说的会计循环。其基本内容是：经济业务发生后，经办人员要填制或取得原始凭证，经会计人员审核整理后，按照设置的会计科目，运用复式记账法编制记账凭证，并据以登记账簿；要依据凭证和账簿记录对生产经营过程中发生的各项费用进行成本计算，并依据财产清查对账簿记录加以核实，在保证账实相符的基础上，定期编制会计报表。

（二）阿米巴会计（经营会计）的主要工作

阿米巴经营会计的工作是有逻辑关联的，只有系统地完成了这些工作，才可能最终形成阿米巴经营会计报表。

阿米巴经营的关键不在于企业管理的制度有多么完美，世界上也从来没有完美的制度，而在于各项指标是否通俗易懂，使各方基于量化的数字很容易达成一致的认识。

柏明顿咨询团队根据管理咨询实践，归纳出了经营会计的主要工作，如图 1－4 所示：

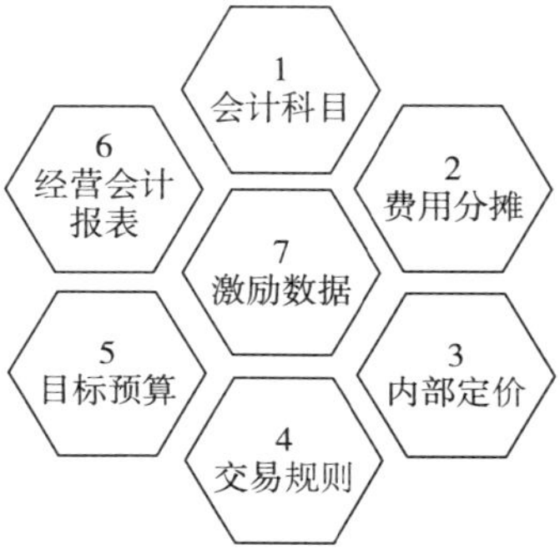

图 1－4　阿米巴经营会计的主要工作

1. 会计科目

阿米巴会计科目，即与本阿米巴经营活动有关的人员、经费、设备、场所、利息、税金等都应该包含在阿米巴的总成本中——因为巴长就是老板！

阿米巴经营会计需重新组合科目，一般只分成两大类：日常费用和分摊费用。日常费用是阿米巴组织日常产生的费用，能即时记入阿米巴组织的费用，此费用在数量和时间上应有一定的要求，如时间跨度大或金额过高，也会采用分摊的方式进行费用记录。另外就是分摊费用，分摊的费用包括总部各职能部门的费用、上级阿米巴组织的费用等。

2. 费用分摊

公共费用分摊是指将各阿米巴之间的共同费用进行分摊，

便于各生产成本的科学计算。

阿米巴经营模式是由各个阿米巴自主经营、独立核算的模式。企业在生产经营的过程中，需要将公共费用分摊到各个阿米巴，将不能明确费用归属、不易直接计量费用数值、费用数值对经营结果影响较大、阿米巴确有从中获益的公共费用，由多个获益阿米巴按一定的规则共同分担。

3. 内部定价

定价是经营之本，定价体现经营头脑。每一个阿米巴都是一个小的利润中心，所有阿米巴都负有核算责任。每个阿米巴的领导人都必须负责本巴的定价，考察每一种产品的核算，在正确的经营理念指导下，实现利润最大化。

内部定价考验每一位阿米巴负责人的经营智慧。

4. 交易规则

阿米巴内部交易，是指产品某个环节的阿米巴从前一环节阿米巴处购买半成品，进行加工，然后卖给下个环节的阿米巴。在工作由“交付”变成“交易”的前提下，阿米巴组织划分成各小单元后，建立各阿米巴单元间的交易规则便成了一个必不可少的任务。

5. 目标预算

年度经营目标，是从企业的长期战略目标出发，在分析企业外部环境和内部条件的基础上所制定的公司下一年度各种经营活动所要取得的结果。年度经营目标是企业经营思想的具体化。

费用预算则是建立在业务计划和目标的基础上，业务计划和目标在分解后形成阿米巴单元的重点工作。

6. 经营会计报表

阿米巴经营会计报表，是阿米巴单元日常进行经营管理过程中，衡量阿米巴单元的各项经营性指标的报表。阿米巴经营会计报表的科目格式设置比较简单，报表使用者容易理解，也能比较清楚地反映阿米巴组织的收入总额和费用总额，让每一位员工都能对阿米巴的收入、费用和利润足够重视。

7. 激励数据

没有激励，你做不好阿米巴。阿米巴经营激励，主要通过薪酬设计、奖金设计、股权激励三个方面进行。

思考：经营会计与传统会计有哪些本质的区别?

三、阿米巴会计与传统会计的比较

（一）与传统财务报表分析相比

阿米巴会计在使用和提高经营利润上，更为密切结合实际，发挥了具体作用（见表1－2）。

表1－2 传统报表与阿米巴报表比较

	传统报表	阿米巴报表
分析主体	公司部门	工序和服务
相关性	与产品关联度不高	分析产品的每一个环节
及时性	按月度核算	每日、每周、每月滚动更新数据
适用性	财务数据，专业性高	简单明了，适用性高

（二）与传统成本管理模式相比

传统成本管理关注既定目标的达成，体现为员工从上至下被动接受。阿米巴会计不仅重视成本，还兼顾收入和质量；不仅要守住成本底线，还主动出击，发挥所有人的主动性，减少一切时间和成本的浪费，从而尽可能扩大出货量（见表1－3）。

表1－3 传统成本管理与阿米巴成本管理

	传统成本管理	阿米巴成本管理
目标	产品成本管理目标	员工附加值的最大化
长期性	忽视成本的长期性，容易鼓励某些短期成本下降，但是长期成本上升的行动	重视成本良性发展，有可能进入收入增长而成本略增的良性发展通道
员工积极性	从上至下层层分解，被动完成	主动出击，随时纵向和横向对比
办法	目标成本控制产品价值	单位时间核算附加价值
核算原则	权责发生制，不使用即不发生费用，归入库存管理，没有反映在当期损益	现金本位原则，只要出货即认为销售，只要采购，不管是否使用即认为费用产生

（三）与传统的绩效考核相比

评定阿米巴绩效，把各种繁杂的指标量化到盈利结果上来（见表1－4）。

表1－4　传统绩效管理与阿米巴绩效管理

	传统绩效管理	阿米巴绩效管理
办法	将考核目标层层分解到部门，分解难度较大	各阿米巴组织在定价基础上，以取得利润为目标，目标明确，行动具体
考核内容	考核利润，人力属于费用	考核时间附加值，不把人力当成费用，强调员工主动创造价值，分配附加价值
指标核算	指标计算复杂，监督执行成本较高	两两确认＋市场定价原则，简化了计算和第三者监督问题
结果	固定指标考核，部门间相互影响不大	一个阿米巴组织的提速，引发其他阿米巴组织连锁反应

四、阿米巴经营会计的问题和改进

虽然在中国已有很多阿米巴经营的成功案例，但是阿米巴毕竟是诞生于日本的一种经营模式，仍需与中国国情相结合，并存在实践问题和运用难的情况。

（一）没有统一的公司目标和良好的文化氛围

阿米巴有自己的一套哲学文化，成员之间是一种和谐的大家庭关系。阿米巴组织划分和经营会计，既是对阿米巴进行组织变革和评定绩效的依据，更是将员工利益和公司利益有机结合的工具。只有将员工利益和公司利益相结合，才能引发阿米巴组织利益链的连锁反应。如果没有形成和谐的大家庭关系，大家为各自绩效工作，相互竞争，相互扯后腿，尤其是各个阿米巴组织没有统一的目标和方针，那么公司内部的协调机制被分割得支离破碎，就无法完成公司的使命。因此，在阿米巴实施之前，要通过各级培训巩固认识，使成员之间形成和谐的大家庭关系，建立阿米巴经营模式的运行基础；通过对经营会计的反复学习，让员工明确自己创造的价值，当家做主，真正参与经营；并要从企业战略出发，将阿米巴经营与长期战略目标充分结合，才能知道各级阿米巴组织的方向和动力。

（二）阿米巴经营会计的难点和重点：内部交易价格

阿米巴的定价是推行阿米巴的重要一环，也是众多企业在推行阿米巴过程中最为头疼的问题。企业部门常因定价不公而争吵不断。因此，各阿米巴组织之间必须形成公平的内部交易价格，综合自身条件、行业特点、市场价格、生产能力、产能效率等因素，使用售价还原成本法对每一个环节和工序进行模拟，决定价格。所谓的“售价还原成本法”，就是不用累积制造成本求成本，而是预先算出适合某产品的成本率，乘以每一种产品的售价，把售价还原成成本，将目标利润还原到各环节，从而制定内部转移价格的定价方式。当阿米巴组织之间出现定价纠纷时，上级阿米巴巴长要做出公平、正确的判断，这与巴长的经营能力和全局把握协调能力息息相关。

（三）如何建立精细化的独立核算会计体系

要成立独立核算的阿米巴组织，必须准确统计阿米巴组织中的所有支出。对可以直接归属于阿米巴的成本核算比较简单，如燃油、水电、折旧费、维修、材料等。对于无形资产、相关资源等间接成本，需合理分摊，核算较为困难。至于公司整体成本如财务利息成本、行政人事辅助成本、发生诉讼费用、赔偿费用等，更需根据阿米巴组织中工序环节的特点，制定合理的分配、分摊制度，以使费用分摊透明、合理、公正。

五、操作：阿米巴经营会计报表体系实施规划

根据企业的实际状况和需求确定导入时间表，并以此来指导后面的学习。

考虑因素：①企业的发展阶段；②管理成熟度；③干部的素质和接受程度。

【示例】 ××公司阿米巴经营会计报表体系导入时间表（见表1－5）

表1－5　××公司阿米巴经营会计报表体系导入时间表

应用级别	报表体系	时间表
初级应用	经营会计报表：会计科目→费用分摊→内部定价→交易规则→业绩改善	第1～4个月

续表

应用级别	报表体系	时间表
中级应用	经营会计报表 + 数据激励 + 业绩改善	第 5 个月
高级应用	目标核算 + 经营会计报表 + 数据激励 + 业绩改善	第 6 个月

成果1 阿米巴经营会计报表体系规划和导入时间表

应用级别	报表体系	时间表
初级应用	经营会计报表：会计科目→费用分摊→内部定价→交易规则→业绩改善	
中级应用	经营会计报表 + 数据激励 + 业绩改善	
高级应用	目标核算 + 经营会计报表 + 数据激励 + 业绩改善	

操 作

制定公司的阿米巴经营会计报表体系规划。

第三节 经营会计在阿米巴运营系统的定位

提示

本节是站在阿米巴运营系统的高度，来剖析阿米巴经营会计的价值和功能。需要深刻理解，不需要操作和制作方案。

为了让阿米巴经营体系更加系统与完善，柏明顿提出了“阿米巴经营体系铁三角”这一概念，由阿米巴经营哲学、阿米巴组织划分、阿米巴经营会计这三大模块构成。其中，阿米巴经营哲学是基础，阿米巴组织划分是手段，阿米巴经营会计是工具，三者缺一不可。如图1－5所示。

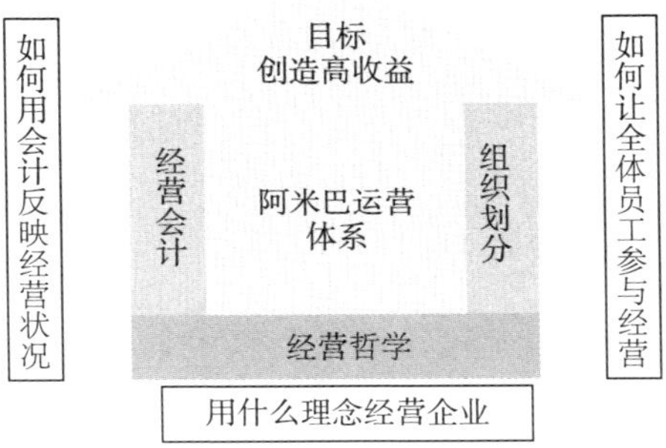

图1－5 阿米巴经营体系架构

思考：如何理解阿米巴经营体系架构？

一、经营会计之价值：以数据反馈现场，及时应对市场变化

经营会计是阿米巴经营落地实施最关键的环节。各个阿米巴单元能否熟练运用经营会计，关系到各个阿米巴之间能否顺利进行独立核算。

阿米巴经营会计的价值就是以数据反馈现场，及时应对市场变化。阿米巴经营会计是反映阿米巴整体经营状况的一套核算体系，清晰地表明阿米巴的损益状况。只有将复杂问题简单化，才能让阿米巴全体员工都了解。在阿米巴经营模式里面，“人人都是经营者”，只有掌握了现场的经营数据，阿米巴管理者才能准确地做出决策。这也是阿米巴经营的精髓所在。

思考：你如何看经营会计的价值？

二、经营会计报表：怎样向经营要效益

在中国式阿米巴经营模式下，阿米巴组织为了提高“单位时间核算”，时刻关注时间的重要性，营造充满紧迫感的工作氛围，并通过反复的钻研创新提高劳动生产率。

经营会计报表不是在月末统计当月的订单、生产、销售、经费、时间等重要的经营信息，而是每天进行统计，并迅速地将其结果反馈给阿米巴成员。

现代的企业经营最重视的是速度，把如何提高时间效率

看作在竞争中取胜的关键。

经营会计报表以“销售额最大化，经费最小化”为经营原则，开展阿米巴经营核算管理方法。如图1－6～图1－8所示：

思考：阿米巴经营为何能够创造高收益？

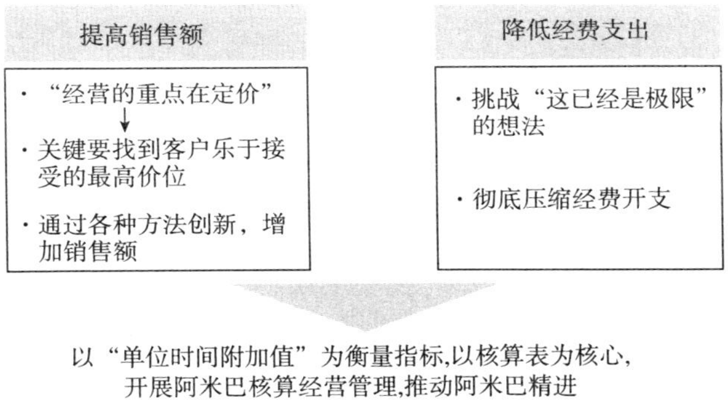

图1－6　阿米巴经营会计的经营原则

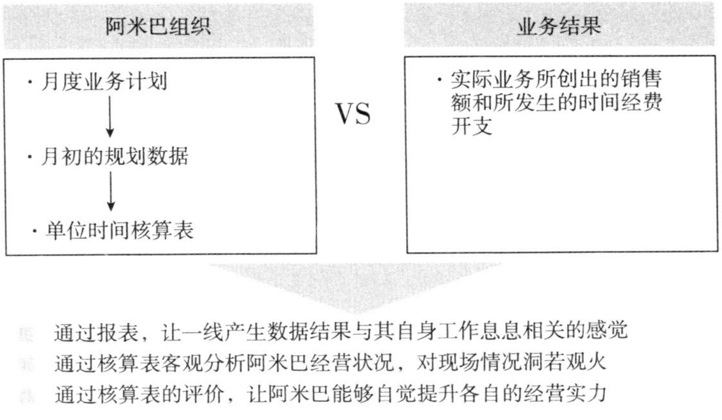

图1－7　阿米巴经营会计的优势

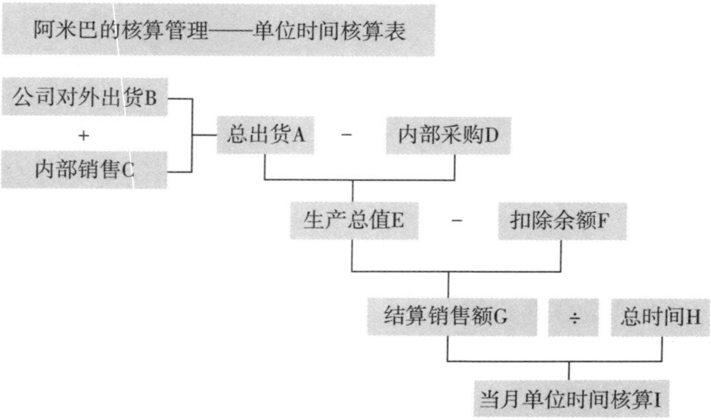

图1－8　阿米巴经营核算管理方法

三、实施阿米巴的标志：巴长是否做阿米巴经营会计报表

企业有没有实施阿米巴，其标志就是巴长是否在做阿米巴经营会计报表。

思考：为什么阿米巴经营报表是阿米巴经营实施标志？

第一个层面，阿米巴的巴长是否做本巴财务报表。巴长没有做阿米巴经营会计报表，那这家公司就没有实施阿米巴。

第二个层面，阿米巴内部的服务和产品是否实现了从交付到交易。如果说该企业各个部门进行独立核算了，但没有从交付变成交易，充其量叫事业部制，这个事业部跟那个事业部之间是没有联系的。而从交付到交易，才是成功实施了阿米巴的标志。

第三个层面，实施效果如何。这体现在：成本费用降低，销售收入提高和人才的培养。

成果2 阿米巴经营的标志

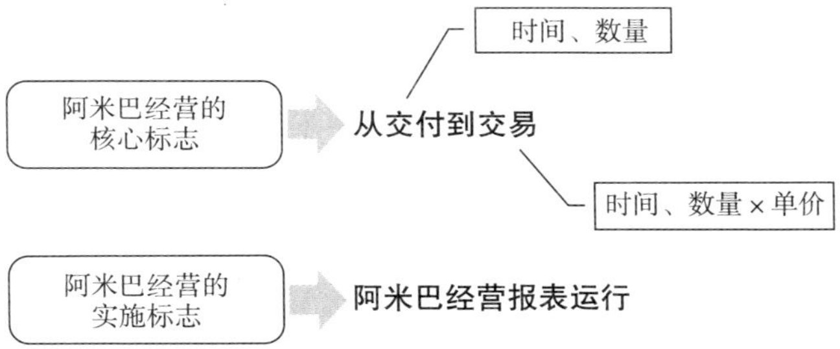

第四节　用经营会计链接阿米巴经营

提示

本节是从思维层面帮助企业建立经营会计思维，并用经营会计与企业管理的方方面面链接，提升企业的经营效率。

一、持续改进，建立及时反馈平台和机制

阿米巴经营是一种能让每个阿米巴的巴长和成员根据精细化的阿米巴经营会计报表做出判断，及时采取改正措施的制度。只有及时展现一级阿米巴、二级阿米巴、三级阿米巴直至最细小阿米巴的数据，并建立统一的数据交换和反馈平台，才能使阿米巴巴长及时发现问题，并采取有效措施。因此，企业需要规定，三级阿米巴需建立每日核算报表，并反馈至二级阿米巴汇总；二级阿米巴需建立每周核算报表，并交由一级阿米巴汇总对比。各级阿米巴组织每日、每周、每月的会计核算，反映了阿米巴模式的绩效核算过程，更体现了阿米巴经营模式下，会计报表在企业财务管理过程中的

作用。

组织内的各级成员可清晰知道本日、本周或本月的业绩情况，随时反思为完成计划采取的措施是否合理等问题，令全体成员参与计划制订，监控计划实施，主动改进计划；通过反复进行这种工作，提高绩效，提升全员参与意识。

二、规避损失，引发阿米巴组织之间利益链的连锁反应

只有建立精细化的阿米巴会计，并建立每日、每周的会计报表，各阿米巴领导人才能及时发现问题。一个阿米巴的改进提速迅速反映在报表上，引发其他阿米巴组织连锁提速反应。

三、阿米巴报表体现全员参与机制

阿米巴的创新主要是将成本中心、收入中心通过内部转移定价转化为利润中心。其对利润的计量不仅关注阿米巴整体所创造的利润，而且精细到每个阿米巴成员的单位时间附加价值。

例如，制造型企业里，传统的成本中心思维模式让管理层中间负责人更注重产品的质量、产量以及成本；阿米巴则通过建立与市场挂钩的机制，促使管理层中间负责人更加关心市场价格，将成本中心转变为利润中心。

在阿米巴经营体系里，企业在管理过程中要将权力下放给最了解经营状况的巴长，企业管理者可以充分利用经营会计工具更有效快捷地做好管理工作。同时，员工也能够了解企业的经营状况，这样可以调动起员工的积极性，有利于实现全员参与经营。

阿米巴经营使得企业组织、项目管理更加清晰化，加强了细分经济责任制，提高了客户满意度和经济效益。以客户、项目、事业部、产品线等多维度为考核对象的阿米巴经营，让员工个人的绩效与各项财务、非财务考核挂钩程度更紧密，全员参与程度及业绩考核可衡量度得到了有效提高。

思考：为什么阿米巴报表体现了全员参与？

四、通过经营会计报表有效建立压力与收益传导机制

当前，一些企业没有很好地抓住阿米巴经营的本质，又缺少透明及时的经营分析决策体系以及相应的管理手段或工具，故阿米巴经营在企业中很难得到有效的实施。

有效实施阿米巴经营的关键就在于如何解决核算、管理与控制的问题。确保阿米巴经营成功实现需要构建以科目界定、公共费用分摊、内部定价、经营目标、费用预算等方面为重点的会计核算体系，建立与市场挂钩的核算制度。

阿米巴经营单元数量多、分类复杂、关联性强、信息交

互频繁、工作效率高等特点，使得企业需要建立以价值链为基础，以短流程、高效果、强监督为理念的价值内控体系。让各个阿米巴组织都有“成本—产出—业绩—利润”意识，并将“成本—利润”的压力与收益传导到企业组织的每一个阿米巴组织或个人。

思考：为什么要通过经营报表建立压力与收益传导机制？

五、阿米巴经营通过经营会计落地生根

经营会计实质上就是企业经营管理的重要工具，因此更应该充分地发挥经营会计工具的作用，改善并提高企业经营管理的水平，创造更大的价值。

阿米巴经营模式虽然对大、中、小企业均适合，但企业应根据自身规模和业务特征决定阿米巴组织的数量。

阿米巴经营模式仅仅拥有令其落地生根的企业土壤是不够的，还要注意方式方法。企业首先要导入阿米巴经营理念，学习阿米巴经营模式，通过互联网平台等手段宣传成功案例；其次试点推进，由点至面，全面推进；最后划分阿米巴组织和内部定价，设计经营会计核算表。通过这三个关键性步骤让阿米巴经营模式更好地落地生根，同时，还要在此基础上进行经营模式的

思考：阿米巴经营如何通过经营会计落地生根？

创新，使其实现本土化。

六、阿米巴经营会计思维，让财务工作者创造更多价值

阿米巴经营会计要在企业落地，财务部门的角色定位需要发生根本性转变。企业财务部门的定位将不再是“成本中心”，而是“财务专家，业务合作伙伴”。财务部门要参与企业战略管理；强化预算、考核及管控，做好分析决策，提升企业价值；全面参与对下属投资企业的管理和资本运作工作；强化核心流动资产管理等。

通过阿米巴经营会计，财务人员可在更广的范围内和更深的层次上为企业创造更多价值。传统财务部门大多从事的是低价值的工作，通过推进阿米巴经营会计工作，财务人员在企业财务转型中的领导作用将更加明显。例如，通过“战略地图”，将财务指标与非财务指标更紧密地结合起来；通过平衡计分卡，将战略与包括财务和非财务在内的短期业绩指标更紧密地结合起来；通过作业成本法、标杆法，使战略思想嵌入企业财务的方法和技巧之中。阿米巴经营会计将使财务管理工作脱胎换骨，焕发出勃勃生机。

思考：经营者为什么要具备阿米巴经营会计思维？

七、会看经营会计报表的巴长，才能帮公司赢利

公司产生阿米巴经营会计报表，只要稍微比较一下，就会发现许多问题，如果有什么异常的变化也能立刻采取行动。再者，每个阿米巴单元每个月都拟定预算，再与实际运营数值作比较，就能看出更多状况。懂报表的巴长的运营计划更科学，决算也能做到又快又准确。想要知道会计数字的变化，掌握原始数据很重要，可是事实上有很多公司并没有做到这一点。

思考：巴长为什么一定要会看经营会计报表？

八、看阿米巴经营会计报表的数字，能马上知道经营成果

阿米巴经营的过程中，若不能觉察到伴随而来的风险，并且从错误中吸取教训，就无法持续发展下去。这时候，如果用阿米巴经营会计思维，将会有不一样的结果。用阿米巴经营会计思维思考、考量一家企业，所得到的数字非常有帮助。每天阅读阿米巴经营会计报表的数字，能马上知道经营成果，有效地帮助经营者进行科学决策。

思考：为什么看阿米巴经营会计报表的数字，就能马上知道经营结果？

第二章

阿米巴经营会计科目

阿米巴会计科目，即与本阿米巴经营活动有关的人员、经费、设备、场所、利息、税金等都应该包含在阿米巴的总成本中——因为巴长就是经营者！

阿米巴经营会计需重新组合科目，一般只分成两大类：日常费用和分摊费用。日常费用是阿米巴组织日常产生的，能即时记入阿米巴组织的费用，此费用在数量和时间上应有一定的要求，如时间跨度大或金额过高，也会采用分摊的方式记入。另外就是分摊费用，分摊的费用包括总部各职能部门的费用、上级阿米巴组织的费用等。

本章目标

1. 理解：阿米巴会计科目的设计。
2. 理解：阿米巴推进的数据收集和报表生成。
3. 操作：各巴收入的界定、统计口径。
4. 了解：各巴成本、费用的详细科目与定义。
5. 了解：各巴固定资产、流动资金盘点。

形成成果

1. 阿米巴收入科目的常见结构。
2. 阿米巴成本费用科目的常见结构。

第一节　阿米巴会计科目的设计

提示

会计科目是会计报表的大纲，是报表生成的基础。本节需要系统掌握。

与本阿米巴经营活动有关的人员、经费、设备、场所、利息、税金等都应该包含在阿米巴的总成本中——因为巴长就是老板。

一、阿米巴经营会计科目界定基本原则

原则一：与阿米巴经营活动有关的所有收入与支出，均应在科目中体现出来。

原则二：同一业务类型的阿米巴科目完全一致。

原则三：一级巴包含不同类型二级巴，其科目为各二级巴的合并科目。

二、经营会计的科目设定需要全面明晰

会计科目表的设计主要是解决会计科目的名称确定、分类排列、科目编号的问题。会计科目表还列出了一级会计科

目的名称和科目编号，各阿米巴单元在设计会计科目表时，应根据需要设计并列示出全部一级科目及其所属的全部明细科目名称及编号，以增强会计科目名称的统一性和会计信息的可比性。以此类推，除了一级科目，还有二级科目、三级科目等。如图 2－1 所示：

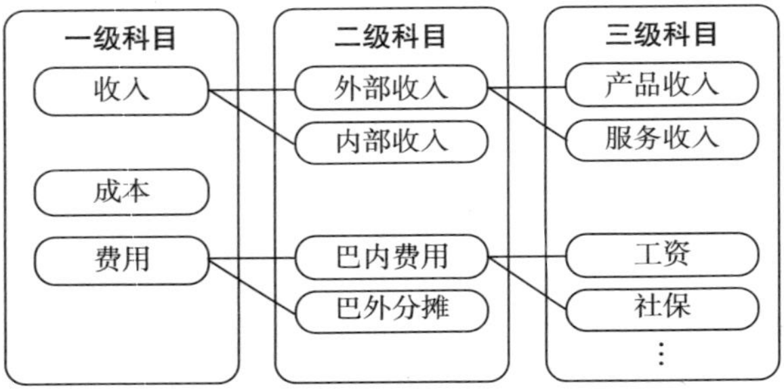

图 2－1　会计科目的设计

其中，成本科目和收入科目的具体设计见表 2－1、表 2－2。

表 2－1　成本科目

一级	二级	三级	四级	
巴内成本（直接成本）	成本	材料		
		直接人工		
		制造费用	实际费用	
			预提费用	
	费用	管理费用		
		销售费用		
		财务费用		
巴外分摊（间接成本）	成本			
	费用			

表2-2 收入科目

			单价	数量
内部收入	产品收入	产品 A		
		产品 B		
	服务收入	服务 A		
		服务 B		
	其他收入			
外部收入	产品收入			
	服务收入			
	其他收入			

操作

设计某产品阿米巴会计科目（选一个重要的部门进行演练）。

三、阿米巴会计科目使用说明

会计科目表设计完成后，要在表后对各个会计科目的核算内容、核算范围、核算方法，明细科目的设置依据及具体明细科目设置，关于该科目所核算内容的会计确认条件与时间规定，关于该科目的会计计量的有关规定以及涉及该科目的主要业务账务处理，进行举例并详细说明，以利于会计人员据此准确地处理会计业务。

1. 说明会计科目的核算内容与范围

即说明在该科目核算的具体经济业务的内容与范围，有些会计科目还需区别易混淆的内容，指出不在该科目核算的内容。

2. 说明会计科目的核算方法

即说明该科目核算的经济业务内容增加时记在账户的哪一方，减少时又记在账户的哪一方，期末余额在哪一方，有什么含义。

3. 说明明细科目的设置依据、具体明细科目的名称及核算内容

首先概括地说明设置明细科目的要求和依据，其次具体写明所需设置的各个明细科目的具体名称及其具体核算内容。

4. 说明该科目所核算内容的会计确认条件与确认时间

为保证会计科目能被正确使用，对各科目所涉及的会计要素有关确认方面的会计准则、会计政策、会计方法应结合本单位实际情况做出详细说明。要详细说明该科目在什么情况下需满足什么条件才能记入借方，在什么情况下需满足什么条件才能记入贷方。

5. 说明该科目的会计计量的有关规定

为保证会计科目能被正确使用，对各科目所涉及的会计要素有关计量方面的会计准则、会计政策、会计方法应结合本单位实际情况做出详细说明。

【示例】

1. 与经营密切相关的报表情况说明（见表2-3）

表2-3 日常使用的报表

巴级别	日常使用的报表	周期
三级	本巴收入登记表	日
	本巴单位时间核算表	日
	本巴经营状况表（实际、预算、对比三个表）	月
	月度总结与工作计划和费用预算表	月
二级	本巴单位时间核算表	日
	巴属范围合并单位时间核算表	日
	巴属范围合并经营状况表（实际、月度滚动计划、对比三个表）	月
	月度总结与工作计划和费用预算表	月
一级	本巴单位时间核算表	日
	巴属范围合并单位时间核算表	日
	巴属范围合并经营状况表（实际、月度滚动计划、对比三个表）	月
	月度总结与工作计划和费用预算表	月

2. 工厂巴核算科目与统计周期（见表2-4）

表2-4 工厂巴核算科目与统计表

类别	编号	项目	项目说明	统计要求	
				单位时间核算表	经营状况表
收入	NI	净收入	净收入=对外销售-回收金额+内部销售-内部采购	计算得出	计算得出
	A	对外销售	直接销往公司外部	按天统计	按月汇总
	B	回收金额	在销售终端回收的货物金额	按天统计	按月汇总
	C	内部销售	内部交易产生的销售	按天统计	按月汇总
	D	内部采购	内部采购产生的支出	按天统计	按月汇总

续表

类别	编号	项目	项目说明	统计要求	
				单位时间核算表	经营状况表
费用	F	总费用	$F=\sum F$	计算得出	计算得出
	F1	原材料	原辅材料、包装材料	按天统计	按月汇总
	F2	水费	水费	按天统计	按月汇总
	F3	电费	电费	按天统计	按月汇总
	F4	燃料	丙烷、天然气、柴油	按天统计	按月汇总
	F5	取暖费	煤、原盐	按天统计	按月汇总
	F6	生产用物料	脱膜油、烤盘油、白矿油、喷码耗材	按天统计	按月汇总
	F7	修理维护费	配件、基础设施维修、设备维修、加工费	按天统计	按月汇总
	F8	制版费	制版费	按天统计	按月汇总
	F9	劳保用品	手套、靴子、工作服等	按天统计	按月汇总
	F10	保洁用品	清洁剂、卫生纸、清洁用具	按天统计	按月汇总
	F11	仓储运杂费	原材料运费、面粉装卸费	按天统计	按月汇总
	F12	办公费	办公耗材、办公用品、饮用水、电话费	按天统计	按月汇总
	F13	差旅费	差旅费	按天统计	按月汇总
	F14	产品检验费	化验器材、计量检定费	按天统计	按月汇总
	F15	汽车费用	自有汽车油费、车辆维修、过桥费、停车费、自有汽车保险	按天统计	按月汇总
	F16	改造支出	基础设施改造、设备改造	按天统计	按月汇总
	F17	环保费用	污水处理、环氧地坪维修、垃圾清运费、清掏费	按天统计	按月汇总
	F18	其他收入	其他收入（-）、其他损失（+）	按天统计	按月汇总
	F19	资产减值损失	固定资产处理损失（+）、收入（-）	按天统计	按月汇总

续表

类别	编号	项目	项目说明	统计要求	
				单位时间核算表	经营状况表
费用	F20	其他	其他	按天统计	按月汇总
	F21	资金占用成本	固定资产利息、库存利息	按天统计	按月汇总
	F22	低值易耗品摊销	周转箱、烤盘、包盒、其他易耗品	按月数据折算到天	按月统计
	F23	折旧费	厂房、机器设备、电子设备、运输设备、工具器具折旧	按月数据折算到天	按月统计
	F24	租赁费	厂房租金	按月数据折算到天	按月统计
	F25	外部费用分摊	巴外部门内费用、总公司费用、控股公司费用	按月数据折算到天	按月统计
人力成本	R	人力成本总额	$R=\sum R$	不计算	按月统计
	R1	人工费用	工资、劳务费	不计算	按月统计
	R2	福利费	员工体检费、食堂人员工资	不计算	按月统计
	R3	社会统筹	五险一金	不计算	按月统计
	R4	工会经费	工会经费	不计算	按月统计
	R5	教育经费	购买图书、员工培训	不计算	按月统计
	R6	外部人力成本分摊	巴外部门内人力成本、总公司人力成本、控股公司人力成本	不计算	按月统计
利润	G	利润	$G=A-E-R$	计算得出	计算得出
人员	H	人数	实际出勤人数	按天统计	按天平均

续表

类别	编号	项目	项目说明	统计要求	
				单位时间核算表	经营状况表
工时	I	总工时	$I=\sum I$	计算得出	计算得出
	I1	正常工时	正常工作时间，包括借调外部人员参与工作	按天统计	按月汇总
	I2	加班工时	超出正常工作时间的额外工时，包括借调外部人员参与工作	按天统计	按月汇总
	I3	外部工时分摊	巴外部门内工时、总公司工时、控股公司工时	按月数据折算到天	按月统计
	V	当期单位时间核算值	V＝（A－E）/I	计算得出	计算得出

3. 营销巴核算科目与统计周期（见表2－5）

表2－5　营销巴核算科目与统计表

类别	编号	项目	项目说明	统计要求	
				单位时间核算表	经营状况表
收入	NI	净收入	净收入＝对外销售－回收金额＋内部销售－内部采购	计算得出	计算得出
	A	对外销售	直接销往公司外部	按天统计	按月汇总
	B	回收金额	在销售终端回收的货物金额	按天统计	按月汇总
	C	内部销售	内部交易产生的销售	按天统计	按月汇总
	D	内部采购	内部采购产生的支出	按天统计	按月汇总

续表

类别	编号	项目	项目说明	统计要求	
				单位时间核算表	经营状况表
费用	E	总费用	$E = \sum E$	按天汇总	计算得出
	E1	劳务费	销售部、市场部、中小客户、KA 组、代理市场、送货员、促销员	按天统计	按月汇总
	E2	宣传制作费	展板、喷绘、吊旗、牌匾、推广、贴纸、托盘、气球印制费、包装设计费、卡通服装费、车体广告制作费	按天统计	按月汇总
	E3	产品配送费	送货车运输费、停车费、高速通行费、检车费、车辆保险、车辆保养、维修费、柴油、汽油、轮胎	按天统计	按月汇总
	E4	汽车费用	公司自有车停车费、高速通行费、车辆保养费、维修费、汽油	按天统计	按月汇总
	E5	差旅费	差旅费、住宿费	按天统计	按月汇总
	E6	业务招待费	餐费	按天统计	按月汇总
	E7	办公费	车费、手机话费、快递费、订阅报刊费、打印纸、销售用办公用品、申请单和送货单印刷费、分销站电话费、网费、营业执照和代码证年检费、印章费、网络技术服务费、商品条码续展费	按天统计	按月汇总
	E8	大店费用	促销用品、返利、信息服务费、展架、标签、大店用微波炉，促销用围裙、扎带及 BOPP 袋，促销服务费、陈列费、展示费	按天统计	按月汇总
	E9	水电费	分销站水电费	按天统计	按月汇总
	E10	取暖费	分销站取暖费	按天统计	按月汇总

续表

类别	编号	项目	项目说明	统计要求	
				单位时间核算表	经营状况表
费用	E11	劳保用品	工作服、工装	按天统计	按月汇总
	E12	其他收入	其他收入（－）、其他损失（＋）	按天统计	按月汇总
	E13	资产减值损失	固定资产处理损失（＋）、收入（－）	按天统计	按月汇总
	E14	其他	其他	按天统计	按月汇总
	E15	资金占用成本	固定资产利息、库存利息、应收账款利息	按月数据折算到天	按月统计
	E16	广告费	车体广告费、网络广告费、报刊广告费	按月数据折算到天	按月统计
	E17	产品设计费	面包包装设计费，粽子、月饼礼盒设计费	按月数据折算到天	按月统计
	E18	固定资产折旧	固定资产折旧	按月数据折算到天	按月统计
	E19	房租费	房租费	按月数据折算到天	按月统计
	E20	外部费用分摊	巴外部门内费用、分公司费用、控股公司费用	按月数据折算到天	按月统计
人力成本	R	人力成本总额	$R=\sum R$	不计算	按月统计
	R1	人工费用	工资、劳务费	不计算	按月统计
	R2	福利费	员工体检费、食堂人员工资	不计算	按月统计
	R3	社会统筹	五险一金	不计算	按月统计
	R4	工会经费	工会经费	不计算	按月统计
	R5	教育经费	购买图书、员工培训	不计算	按月统计
	R6	外部人力成本分摊	巴外部门内人力成本、总公司人力成本、控股公司人力成本	不计算	按月统计
利润	G	利润	$G=A-E-R$	计算得出	计算得出
人员	H	人数	实际出勤人数	按天统计	按天平均

续表

类别	编号	项目	项目说明	统计要求	
				单位时间核算表	经营状况表
工时	I	总工时	$I=\sum I$	计算得出	计算得出
	I1	正常工时	正常工作时间，包括借调外部人员参与工作	按天统计	按月汇总
	I2	加班工时	超出正常工作时间的额外工时，包括借调外部人员参与工作	按天统计	按月汇总
	I3	外部工时分摊	巴外部门内工时、总公司工时、控股公司工时	按月数据折算到天	按月统计
	V	当期单位时间核算值	$V=(A-E)/I$	计算得出	计算得出

第二节　阿米巴推进的数据收集和报表生成

阿米巴经营模式就是将整个公司划分为若干个阿米巴组织，每个阿米巴组织都作为一个独立的利润中心进行独立经营，充分释放每一位员工的潜能来实现经营。当然，在阿米巴经营会计中，阿米巴的历史数据收集与分析格外重要。企业开展经营，就必须使经营数据成为反映经营实际状况的唯一的真实材料。

阿米巴经营成立的重要条件是数据的严谨，如果做不到这一点，阿米巴经营就无法真正发挥作用；阿米巴经营要求即时把前线的数字反馈给现场，很多企业目前的财务会计系统无法达到这样的要求。财务部门是企业的数据中心，以数据为基础的经营分析与预警控制是经营会计的重要内容。财务会计向经营会计的转型，是企业推行阿米巴成功的基础条件。企业不断完善企业财务管理，提高企业经济效益，以实现可持续发展。

阿米巴经营会计数据包含了阿米巴组织内外的资金变化信息和阿米巴之间物资资源交易等信息。阿米巴领导人对会计数据进行内部价值链分析，判断如何降低成本，优化作业流程；可以对行业价值链进行分析，了解企业在行业价值链中的位置，判断企业是否需要沿价值链向前或向后延伸。

企业会计部门负责制作这些经营资料，并根据这些资料来开展经营。会计部门和各类信息使用者可以依据各自的管理权限，方便地进入数据库的相应层次，运用预先准备好的专用软件，自动查阅采集所需的经营会计数据。经营会计数据反映企业的真实经营状况，让所有阿米巴成员都能掌握每天的经营实况，帮助阿米巴领导人及时做出决策。

重点提示

阿米巴经营成立的重要条件是数据的严谨，如果做不到这一点，阿米巴经营就无法真正发挥作用。

一、如何进行数据收集

1. 数据收集的重要性

数据收集是实学基础，是经营会计的根基；是个人、各部门、各巴经营数据、信息、情报的来源；是阿米巴经营的前提。各巴再通过数据生成报表，进而通过分析报表发现问题，解决问题。

2. 数据收集的目的

生成单位时间核算表等相关各类表格；找到效益优异/糟糕的原因，以及提升经营效益的方法，如表 2－6 所示。

表 2－6　单位时间核算表

销售额	对公司外	A1	
	对公司内	A2	
	总额	A0	
内部采购		B0	
销售净额		A	
费用	部门内直接	B1	
	部门内分摊	B2	
	SBU 间接分摊	B3	
	合计	B	
（附加值）收益		C	
工时	正常	D1	
	加班	D2	
	部门内分摊	D3	
	SBU 间接分摊	D4	
	合计	D	
部门内月均总人数		E	
月单位时间收益		F	
月单位时间销售净额		G	
月人均收益		H	
月人均销售净额		I	
本月承接订单总额		J	

3. 数据收集的特征

及时性，实时收集收入、费用、工时等各类数据，每天确认；完整性，企业的任何部门、任何人的数据都必须收集；准确性，要求所有数据准确无误，一一对应，双重确认，绝不允许“糊涂账、笼统账”。

4. 数据收集的原则

符合经营会计 7 项原则、整体性原则。企业每个人、每个部门都要收集，缺一不可，非巴部门也要收集，总裁也不例外。不受组织架构局限，按照阿米巴组织及价值链设计数据收集系统。

5. 组织和准备

成立经营会计组织；挑选合格的经营会计人员；培训经营会计人员；通过试运行来检查企业基础管理工作是否到位，发现问题，及时整顿，确保数据收集工作及时、准确、完整，见表 2 – 7：

表 2 – 7　阿米巴经营会计组织职能明细表

部门名称	经营会计组织	负责人职位	经营会计主管
部门编号		直接上级职位	阿米巴委员会秘书长
岗位设置	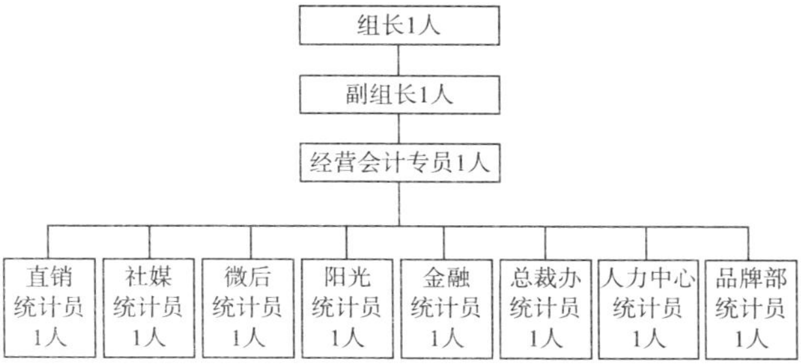		
内联单位	财务部、会计部、本巴各部门		
外联单位	企业各职能部门（财务部门）		

续表

职能概述	通过收集、加工处理和利用阿米巴经营数据信息，对经营活动进行规划、组织、控制、分析（仅限于整体分析，细节原因由各巴长自行分析）、评价、指导，促使阿米巴单元销售额最大化、成本最小化，从而高效、保质地超额完成企业的各项经营目标

操作

设计阿米巴经营会计组织职能明细表。

6. 设计统计表格

收入统计表、费用统计表、时间统计表、人力成本统计表等各类表格的设计要简单，便于实施，如表2－8所示。

表2－8 ________巴 收入统计

备注	销售产品收入		服务收入		其他收入		收入日期	
	销售产品	金额	服务项目	金额	收入项目	金额		
1								
2								
3								
4								
5								
6								
7								
8								
9								

续表

备注	销售产品收入		服务收入		其他收入		收入日期	
	销售产品	金额	服务项目	金额	收入项目	金额		
10								
合计								

操作

设计阿米巴统计表格。

7. 收集流程和频率

收集流程是自下而上的，自个人到团队，再到初级巴、中级巴、高级巴，逐级收集。收集频率：每日、每周、每月实时制作、收集各类数据和表格。

8. 制作月度经营核算表

各巴、各部门在每日收入表、费用开支表、日经营核算表基础上制作每日及每月单位时间核算表；单位时间核算表必须对接月度财务损益表、财务分析表。

二、阿米巴历史数据的分析

阿米巴的历史数据收集，不是仅仅对阿米巴的原始会计数据进行分类或其他简单的处理，而是需要会计人员根据各方面的情况，运用会计信息技术进行科学有效的加工和处理。

借助阿米巴经营会计报表，使阿米巴巴长正确无误地接收提供的会计数据。这些历史数据原是分散、繁复和杂乱无章的，但经过会计信息处理，能够清晰明了地体现为综合的、系统的数据形式，更加清楚地反映出阿米巴经营状况。这些历史会计数据在一定的时空条件、程度、范围内可以分享。

如果阿米巴历史数据收集的工作做不好，原始会计数据不可靠，那么以后的工作就失去了意义。所以，阿米巴历史数据的收集是一项复杂的、严肃的、技术性较强的工作。

为使阿米巴历史会计数据收集工作顺利进行，保质保量地完成收集资料的任务，应遵循科学的工作流程：

第一，识别信息需求。也就是弄清收集历史会计数据是为了解决什么问题，即确立收集会计信息的目的。

第二，确立历史会计数据收集对象。即决定收集单位，一般是从事经济活动的社会机构或个人。

第三，制定历史会计数据收集纲领，进行实际的收集工作，包括现成资料收集和原始资料收集。确定历史会计数据收集准备的时间，保证会计信息的及时性；对所汇集的数据应加以筛选，要保证会计信息的准确性；被采集的数据应是真实可靠的、未泄露的、未被篡改的，保证会计信息的安全性。

现代信息技术在会计领域的应用使阿米巴历史会计数据收集发生了很大的变化。传统的手工收集方法，是根据某类业务的需要去收集，这种会计信息收集方法称为业务方法。

现代的信息收集方法，是根据整个系统的目标要求去收集信息，目标性和准确性比较强。阿米巴历史会计数据收集已不再局限于会计核算方面，而更趋向于会计管理、决策方面（见表2－9）。

表2－9　历史数据收集表

阿米巴名称：　　　　　　　　　　　　　　　　单位：万元

	年/月	年/月	年/月	年/月	……	年/月	合计	平均
销售收入								
减：间接人工								
减：直接人工								
减：成本								
毛利额								
减：各种费用								
净利额								
净利率								

第三节　各巴收入的界定、统计口径的确定

阿米巴组织能够成为独立核算单位，需要“有明确的收入，同时能够计算出为获取这些收入所需的支出”。采取独立核算制，就必须能够计算收支，准确地掌握阿米巴组织的收入和支出情况。

但一些阿米巴组织涉及的技术产品（服务）收入确认标准及总收入统计口径等指标，仍然存在较为明显的不确切、不规范问题，部分指标概念模糊，给阿米巴组织认定操作及政策把握等方面带来诸多难题，不利于会计数据统计管理工作高效、规范运行。

例如，目前在企业中涉及的收入概念有“近三年的销售收入总额”“最近一年的销售收入”和“当年总收入”三个概念，但在产品（服务）收入确认标准和当年总收入统计口径等指标上依然存在很多不明确的地方。

在总收入的统计口径问题上，个别企业在归集总收入时直接将主营业务收入视同于总收入，未将其他业务收入计入总收入，这一统计口径显然与会计核算制度不符。

因此，阿米巴收入的界定、统计口径的确定，需尽快予以规范。

一、阿米巴收入界定的方法是与市场价格挂钩

阿米巴收入界定的方法主要有三个，如图 2－2 所示。

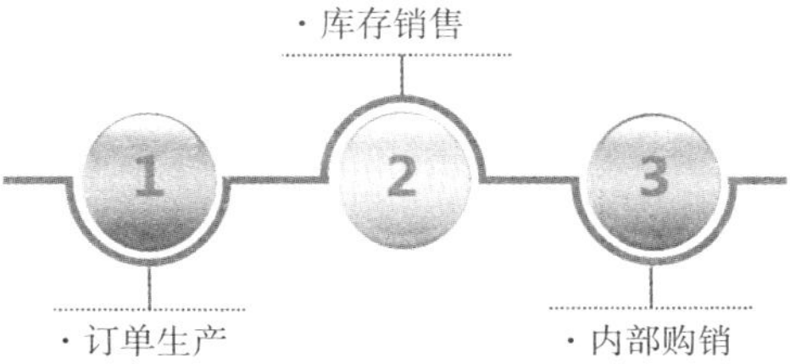

图 2－2　阿米巴收入界定的常用方法

（1）订单生产方式：即阿米巴组织接到订单后，才开始组织采购和生产。生产型阿米巴是利润的源泉，在生产的过程中，不是按照成本来决定产品的售价，而是首先全方位地考虑市场价格，然后在此基础上为了获取充分的利润而彻底降低成本。

通过信息化，使订单能够参考市场价格进行生产，可以快速应对复杂多变的市场环境，快速满足客户需求，大大提升生产的效率，降低浪费和无效作业，增加利润，提升阿米巴组织的竞争力，获得更大的发展空间。

我们举个例子，一旦市场价格的波动与生产型阿米巴的收入挂钩，就能把对客户的销售金额变成相当于生产型阿米巴收入的生产金额。另外，销售型阿米巴作为生产型阿米巴与客户的中介，可以从生产型阿米巴获取一定比例的销售佣

金（手续费）作为其收入。生产型阿米巴根据市场的动向扩大生产金额，最大限度地控制经费开支，从而创造出更大的利润。

（2）库存销售方式：销售型阿米巴与生产型阿米巴在协商的基础上决定产品的零售价格，设定各个流通阶段的 B 标准价格。在库存销售方式中，实际销售金额减去生产型阿米巴的报价，也就是毛利，这就成为销售型阿米巴的收入。

（3）公司内部购销：阿米巴组织之间把材料和半成品作为产品进行收发时，进行公司内部购销，并且统计相关会计数据。每次交易时的购销金额，都由各阿米巴考虑自身的经营状况，根据市场价格来进行定价。从市场的角度来评价所有阿米巴的价格、质量及交货期，在公司内部形成市场活力。

评点

在阿米巴经营会计报表编制过程中，正确处理阿米巴组织之间的购销活动，对做实企业经营成果、提升会计报表的信息质量至关重要。

二、数据统计口径对精细化管理的阿米巴经营十分重要

一些阿米巴组织对于成本核算的各项数据归口不一致，尤其是细节性的数据统计口径不一致，导致的后果是用于传达管理信息的表单、记录等各项数据信息不完善或者不准确，

即支持管理决策的信息缺乏有效保障。

统计口径是指统计数据所采用的标准，即进行数据的统计工作所依照的指标体系。阿米巴组织之间的结算方式，值得重视的就是各项费用乃至管理数据的统计口径。无论是独立核算还是公司整体运作，一个统计口径所涵盖的数据相当于一个计算机编程里面的计算机代码。数据口径不一致的后果，就像编程代码混乱一样。当然，数据口径混乱不会导致企业倒闭，但严重影响到管理决策。试想各项分析的基础是数据统计，统计口径不准确，何来精确的分析？故数据统计口径对精细化管理的阿米巴经营十分重要。

第四节　各巴成本、费用的详细科目与定义

一、各巴成本的详细科目和定义

详细分类科目也称明细科目，是指阿米巴组织根据核算与管理的需要，对总分类科目做进一步分类，提供更详细、更具体的会计信息的科目，是对总分类科目的具体化和详细说明。按照其分类的详细程度不同，又可分为子目和细目，如管理费用包括差旅费、办公费、运输费、修理费等。在阿米巴的经营会计中，我们重点讲成本的明细科目与定义以及费用的明细科目与定义。

1. 成本类科目的定义

成本类科目是反映成本费用和支出的，用于核算成本的发生和归集情况，提供成本相关会计信息的会计科目。阿米巴组织对成本费用和支出的不同内容进行分类登记，可以分为生产成本、制造费用、劳务成本、库存商品和研发支出等。

成本实际发生时计入各自本科目，期末结转时，制造费用、劳务成本、库存商品和研发支出对应结转入生产成本。

2. 阿米巴组织的生产成本

（1）本科目核算阿米巴组织生产各种产品（包括产成品、自制半成品等）、自制材料、自制工具、自制设备等所发生的生产成本。

（2）“生产成本”科目应设置“基本生产成本”和“辅助生产成本”两个明细科目。“基本生产成本”科目主要是在生产型阿米巴中，用以核算生产产品的基本生产车间发生的费用。“基本生产成本”明细科目应按照基本生产车间和成本核算对象设立为三级明细，并按规定的成本项目（直接人工、直接材料、制造费用）在各三级明细中设立专栏核算。

“辅助生产成本”科目是用以核算动力、修理、运输等为生产服务的辅助生产车间发生的费用。“辅助生产成本”明细科目应按辅助生产提供的劳务和产品（例如，修理、运输、自制工具、自制材料等）为成本计算对象，设立为三级明细，并按规定的成本项目在各三级明细中设立专栏核算。

（3）阿米巴组织发生的各项生产费用，应按成本核算对象和成本项目分别归集，属于直接材料、直接人工等直接费用的，直接计入“基本生产成本”和“辅助生产成本”；属于企业辅助生产车间为生产产品提供的动力等间接费用的，应当在本科目“辅助生产成本”明细科目核算后，再转入本科目“基本生产成本”明细科目；其他间接费用先在“制造费用”科目汇集，月度终了，再按一定的分配标准，计入有关的产品成本。

（4）阿米巴组织应当根据产品生产的特点，选择适合的成本核算对象、成本项目及成本计算方法。

（5）本科目应当分别按照基本生产车间和成本核算对象（如产品的品种、类别、订单、批别、生产阶段等）设置明细账（或成本计算单），并按规定的成本项目设置专栏。

3. 阿米巴组织的劳务成本

阿米巴组织的劳务成本，是指阿米巴组织提供劳务作业而发生的成本，相对于公司劳务收入而言，可以是公司内也可以是公司外。如提供修理、搬运、服务等，相应的人工工资、福利、劳保等费用就是劳务成本。阿米巴组织应设置“劳务成本”科目。

4. 成本核算

阿米巴组织进行成本核算，是指将阿米巴组织在生产经营过程中发生的各种耗费按照一定的对象进行分配和归集，以计算总成本和单位成本。成本核算通常以会计核算为基础，以货币为计算单位。成本核算是成本管理的重要组成部分，对于阿米巴的成本预测和阿米巴的经营决策等存在直接影响。

阿米巴组织进行成本核算时，重点关注如下三点：

（1）完整地归集与核算成本计算对象所发生的各种耗费。

（2）正确计算生产资料转移价值和应计入本期成本的费用额。

（3）科学地确定成本计算的对象、项目、时间以及成本计算方法和费用分配方法，保证各种产品成本数据的准确、及时。成本核算的实质是一种数据信息处理加工的转换过程，即将阿米巴组织日常已发生的各种资金的耗费，按一定方法和程序，按照已经确定的成本核算对象或使用范围进行费用的汇集和分配的过程。正确、及时地进行成本核算，对于阿米巴组织开展增产节约和实现高产、优质、低消耗、多积累具有重要意义。

阿米巴成本明细表如表2－10所示。

表2－10　阿米巴成本明细表

阿米巴名称：　　　　单位：万元

	年/月	年/月	年/月	……	年/月	合计	平均
材料成本							
直接人工							
折旧成本							
动力成本							
委外加工							
其他成本							
运输费用							
销售费用							
管理费用							
间接人工							
成本小计							
成本总计							

说明：最好是将间接人工从管理费用中单独列出。

操作

填写本阿米巴的成本明细表。

二、各巴费用的详细科目和定义

阿米巴组织对于所有的经营数据必须有明确统计的机制，便于分清阿米巴的哪项业务已发生了多少费用，应发生多少费用。

费用科目可以分为两类：一类为资产类费用科目，一类为损益类费用科目。

资产类费用科目一般在生产型阿米巴里指“制造费用”，这类费用一般也叫作直接费用。直接费用通过归集与分配，最后归集到“存货”科目，计入资产负债表，最后结转成本，计入损益表中的“主营业务成本”或“营业成本”。

损益类费用科目则是指三大期间费用：销售费用、管理费用、财务费用，这类费用也叫间接费用。期间费用一般按各自类别直接汇总计入损益表各相应栏次内。

1. 销售费用明细科目设置

销售费用科目主要核算阿米巴组织销售商品和材料、提供劳务的过程中发生的各种费用，包括销售型阿米巴和销售人员发生的费用支出。

销售费用明细科目设置有利于阿米巴组织准确核算销售费用。

销售费用通常设置这些明细科目：工资、福利费、运输费、装卸费、保险费、包装费、展览费、广告费、商品维修费、质量三包费、业务费、折旧费等。以上明细科目，不同的阿米巴组织可根据实际情况取舍。

2. 管理费用明细科目设置

管理费用是指阿米巴组织为组织和管理生产经营活动而发生的各项费用。管理费用属于期间费用，在发生时就计入当期的损益。

管理费用通常设置以下明细科目：公司经费、职工教育经费、业务招待费、税金、技术转让费、无形资产摊销、咨询费、诉讼费、开办费摊销、劳动保险费、董事会会费以及其他管理费用。

3. 财务费用

财务费用指阿米巴组织在生产经营过程中为筹集资金而发生的各项费用。阿米巴组织发生的财务费用，虽为取得营业收入而发生，但与营业收入的实现没有明显的因果关系，不宜将其计入生产经营成本，只能作为期间费用，按实际发生额确认，计入当期损益。

阿米巴组织发生的财务费用，一般在“财务费用”科目进行核算，并按费用种类设置明细账。财务费用发生时，记入该科目的借方；期末将余额结转“本年利润”科目时，记入该科目的贷方，在会计中属于损益类科目。

成果3　阿米巴收入科目的常见结构

<table>
<tr><th>一级</th><th>二级</th><th>三级</th><th>四级</th><th>单价</th><th>数量</th></tr>
<tr><td rowspan="8">收入</td><td rowspan="5">内部收入</td><td>产品收入</td><td>产品 A</td><td></td><td></td></tr>
<tr><td></td><td>产品 B</td><td></td><td></td></tr>
<tr><td>服务收入</td><td>服务 A</td><td></td><td></td></tr>
<tr><td></td><td>服务 B</td><td></td><td></td></tr>
<tr><td>其他收入</td><td></td><td></td><td></td></tr>
<tr><td rowspan="3">外部收入</td><td>产品收入</td><td></td><td></td><td></td></tr>
<tr><td>服务收入</td><td></td><td></td><td></td></tr>
<tr><td>其他收入</td><td></td><td></td><td></td></tr>
</table>

成果4　阿米巴成本费用科目的常见结构

<table>
<tr><th>一级</th><th>二级</th><th>三级</th><th>四级</th><th></th></tr>
<tr><td rowspan="10">支出</td><td rowspan="7">巴内成本
（直接成本）</td><td rowspan="4">成本</td><td>材料</td><td></td></tr>
<tr><td>直接人工</td><td></td></tr>
<tr><td rowspan="2">制造费用</td><td>实际费用</td></tr>
<tr><td>预提费用</td></tr>
<tr><td rowspan="3">费用</td><td>管理费用</td><td></td></tr>
<tr><td>销售费用</td><td></td></tr>
<tr><td>财务费用</td><td></td></tr>
<tr><td rowspan="3">巴外分摊
（间接费用）</td><td rowspan="3">费用</td><td>管理费用</td><td></td></tr>
<tr><td>销售费用</td><td></td></tr>
<tr><td>财务费用</td><td></td></tr>
</table>

案例1

日本京瓷公司创业不久，就引入了被称为阿米巴经营的管理系统。该公司有许多个阿米巴组织，构成了一个经营系统。所谓“阿米巴经营”，就是计算出每个“阿米巴”的单位时间附加价值，也就是从每个“阿米巴”的当月销售额中减去所有当月经费，剩余金额除以当月总时间所得的数字，作为经营指标，我们将其称为“单位时间核算制”。

日本京瓷公司就依据单位时间核算制，在月末进行结算，于次月初公布各部门的实绩。只要细看单位时间核算表，“这个部门推出了这个产品，而那个部门没有取得客户订单”之类的情况就能一清二楚，便于经营者迅速做出判断并采取对策。

另外，为将经费压缩到最小，单位时间核算表把经费科目进行细分，比一般会计科目分得更细，构成所谓的实践性经费科目。比如在京瓷公司，财务部门并不是笼统地列出一项“水电煤费”，而是将其中的电费、水费、燃气费项目分别列支。

这样做，从事实际工作的员工就能一目了然，并可采取具体行动来削减经费。看了细分后的会计核算表，现场负责人就能掌握经费增减的原因，便于切实改进。

第五节　各巴固定资产、流动资金盘点

固定资产、流动资金盘点，是对各项财产、物资进行实地盘点和核对，查明财产物资、货币资金和结算款项的实有数额，确定其账面结存数额和实际结存数额是否一致，以保证账实相符的一种会计专门方法。

通过固定资产、流动资金盘点，可以确定各项财产物资的实用数，确定各项财产的盘盈、盘亏，并及时调整账簿记录，做到账实相符，以保证账簿记录的真实、可靠，提高会计信息的质量；也可以促进资金加速周转，查明各项财产物资的储备和保管情况，以及各种责任制度的建立和执行情况，揭示各项财经制度和结算纪律的遵守情况，促使财产物资保管人员加强责任感，及时结清债权债务，避免产生坏账损失。

阿米巴组织的财产清查，主要为固定资产盘点、流动资金盘点。

1. 固定资产盘点

企业为了管理固定资产，节约成本，提高效率，规范流程，明确责任，就需要对公司固定资产进行盘点。

阿米巴组织严格按照固定资产盘点计划的要求和程序执

行，对固定资产进行分类，认真填写现有固定资产明细表，并在明细表备注栏注明哪些固定资产报废、损坏，及主要原因，由相关企业负责人在盘点明细表说明材料上签字加以确认。

固定资产盘点及清查操作方法，主要有：

（1）现有固定资产盘点前的准备。首先，要组成固定资产盘点小组，明确责任分工以及问题的协调、上报和处理机制；其次，进行资产盘点前的摸查，为实地核查做好准备；最后，编制固定资产盘点计划。

（2）利用账务清理结果，编制盘点用的现有固定资产明细表。

（3）实地盘点并核实有关情况。固定资产的实地盘点核实是资产清查的重要内容。公司在盘点前，应准备好分类及明细盘点基础表、产权证明材料，在资产清查办公室的统一领导和监督下组织实施。

固定资产的盘点应分类进行，在盘点账面记载的固定资产时以账查物，并要求查明固定资产的基本情况：仔细核对固定资产编号及名称、结构或规格型号、数量、单位、购入单价、购入金额、分摊年限、剩余年限、当前价值等。

对账外固定资产，应通过账面记录核对和甄别，查明固定资产的基本情况，重点查明未入账原因、固定资产的来源、产权状况、价值状况等。

现有固定资产明细表、现有设备/工具明细表、现有库存材料明细表的内容详见表2－11～表2－13。

表2－11　现有固定资产明细表

阿米巴名称：　　　　　　　　　　　　　　　　　单位：万元

资产名称	规格/型号	数量	单位	购入单价	购入金额	分摊年限	剩余年限	当前价值

表2－12　现有设备/工具明细表

阿米巴名称：　　　　　　　　　　　　　　　　　单位：万元

设备/工具名称	规格/型号	数量	单位	购入单价	购入金额	专用/共用	现在部门	责任者

表 2－13　现有库存材料明细表

阿米巴名称：　　　　　　　　　　　　　　　　　　　　单位：万元

材料名称	规格/型号	材料编号	数量	单位	购入单价	购入金额	是否呆滞
合计金额							

2. 阿米巴组织的流动资金盘点

阿米巴组织的流动资金盘点，是指企业根据账簿记录对各项流动现金进行盘点，以及对银行存款和债权、债务进行查询、核对，查明实存数同账存数是否相符。在流动资金清查过程中，如果发现账实不相符，发生了财产盘盈、盘亏，应查明原因，按照制度规定调整账簿记录，使其符合实际情况。

重点提示

流动资金的重要性在于，每一次周转可以产生营业收入及创造利润。加强流动资金的盘点与管理，可以加速流动资金周转，减少流动资金占用，促进阿米巴组织生产经营的发展。有利于阿米巴组织加强经济核算，提高生产经营管理水平。

应收、应付账款明细表详见表2－14。

表2－14　应收、应付账款明细表

阿米巴名称：　　　　单位：万元

客户名称	应收科目	应收日期	应收金额
合计金额			
客户名称	应付科目	应付日期	应付金额
合计金额			
应收　应付			

第三章

阿米巴费用分摊

公共费用分摊是指将各阿米巴之间的共同费用进行分摊，便于各生产成本的科学计算。

在阿米巴经营模式中，为达成利润最大化，要求经费最小化。因而，为使每个阿米巴单元能最大限度降低费用，实现利润最大化的目标，在需要对费用进行预算的基础上，对公共性的费用进行相应的分摊或确定费用的归宿，以实现权、责、利的完全对应，如图 3－1 所示。

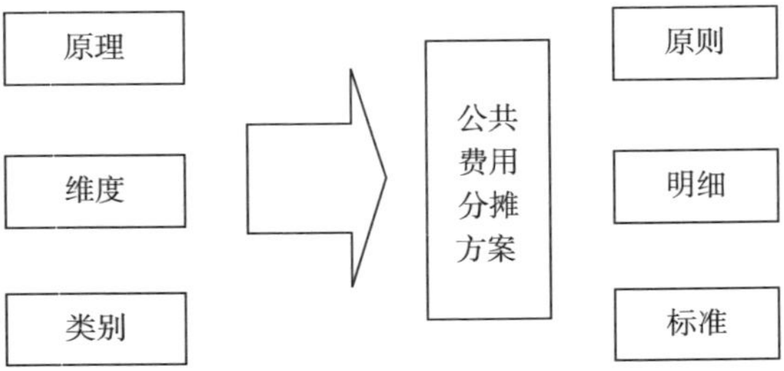

图 3－1　公共费用分摊方案

本章目标

1. 理解：公共费用分摊的原因。
2. 理解：公共费用的分摊原则、方法和维度。
3. 掌握：如何科学分摊公共费用。
4. 掌握：费用分摊的层级。
5. 操作：对本阿米巴进行公共费用分摊。

形成成果

阿米巴公共费用分摊规则。

第一节 公共费用分摊概述

提示

本节是公共费用分摊的原理部分，是理解费用分摊的钥匙，需要深刻理解。

一、公共费用分摊的必要性

企业导入阿米巴经营模式之后，内部经常会发生一个争论：总部的费用该不该分摊。很多人的想法是："不分摊算了。总部那么多费用，生产部经理拿着高工资，总经理拿着高工资，又跟我没关系。再说了，我也不可控啊，所以你分给我干吗呢?"结果有可能导致企业若干个基层阿米巴都有利润，而综合成二级阿米巴是亏损的，二级阿米巴再综合成一级阿米巴也是亏损的，主要原因是没有分摊公共费用。

所以，企业必须科学分摊公共费用。

阿米巴经营模式是由各个阿米巴自主经营、独立核算。企业在生产经营的过程中，需要将公共费用分摊到各个阿米巴，将不能明确费用归属、不易直接计量费用数值、费用数值对经营结果影响较大、阿米巴确有从中获益的公共费用由多个获益阿米巴按一定的规则共同分担。

思考：为什么阿米巴要进行公共费用分摊？

二、公共费用分摊的作用

（1）将各类公共资源量化，全面锁定各阿米巴的经济责任。

（2）真实、客观、合理、科学地衡量各阿米巴的经营管理绩效。

（3）落实人人都是经营者的使命感和责任感，企业资源利用最大化。

也有很多人问：公共费用能不能少分一点呢？总部的预算型阿米巴的费用，其审核需要企业所有巴长的80%同意通过，才能够把这个总部费用的预算建立起来。如果超过20%的巴长不同意，就需要说出反对的理由。这么一来，自然而然就对总部的很多费用进行了控制。由于巴长开始关注经营了，费用自然就会减少很多。

思考：阿米巴公共费用分摊的作用，你如何理解？

三、如何科学分摊公共费用

如何科学分摊公共费用，我们通过三个问答题来了解：

1. 哪些公共费用该分摊？

不能产生利润又不能降低成本的预算型阿米巴的所有费用都应该分摊。

2. 是否购买而不分摊？

职能部门的工作可分为服务与管控两类，前者定价购买，后者只能分摊。例如，某集团总部职能中心的所有费用都会分摊到各个阿米巴。

3. 费用不可控怎么办？

（1）总部拟定预算，巴委会讨论通过。

（2）按预算分摊到阿米巴，年底多退少补。

（3）不足部分从总部利润中补给。

思考：设计科学分摊公共费用的流程。

四、公共费用分摊的原则

1. 总原则：谁受益，谁承担

在阿米巴经营会计实务工作中，时常会遇到一些公共费用的分摊问题。比如同一项费用需要在两个或两个以上的阿米巴之间分摊，或者同一项费用需要在同一企业的不同阿米巴之间分摊等。这就涉及公共费用分摊原则。

不同类别、性质的费用，应采用不同的费用分摊规则。费用分摊规则应遵行“谁受益，谁承担”的原则。例如，产品阿米巴的原辅料成本和包装材料成本直接计入定价成本。其他费用的受益对象为唯一产品的，直接计入其定价成本；受益对象为多个产品阿米巴的，在受益产品阿米巴之间分摊。不能明确具体受益产品，但与产品阿米巴业务相关的公共性费用在全部产品阿米巴中分摊。

2. 操作原则

（1）资源有偿使用原则。主要是防止使用的不承担，承担的用不上。

（2）资源有效使用原则。防止有效资源无效使用，无效资源强行分担。

（3）分摊一致认同原则。数据透明合理，避免单方面强行分摊导致经营激励失效。

（4）总体成本降低原则。全员、全面、时刻参与成本降低，防止只落一时、一地、一人。

（5）核算尽量简化原则。在不影响合理分摊的前提下尽量简化分摊项目和分摊规则。

3. 分摊顺序

客观公平地将各种费用分摊到各阿米巴组织。根据组织状况，费用分摊的层级分别是：集团控股公司—各片区—各分子公司——一级巴（例如，营销巴和生产巴）—二级巴—三级巴等。最后一直分解到最低层的阿米巴组织。

操作

对阿米巴进行公共费用分摊。

五、公共费用的分摊方法

阿米巴的公共费用分摊步骤主要包括：

（1）确定成本对象；

（2）归集共同费用；

（3）选择分摊标准；

（4）将共同费用分摊到成本对象中去；

（5）归集—分摊—再归集—再分摊，直到最终成本计算出来。

在理论上，费用分摊可能存在一个最佳标准。有一些共同费用的分摊标准比较明确，如水电费按实际耗用量分摊；但是更多的共同费用没有明确的分摊标准，因为共同往往就意味着没有标准，如品牌广告费用在不同产品之间分摊，到底是按销量分摊更科学，还是按价格或市场份额分摊更科学？

操作

设计科学分摊公共费用的方法。

评点

费用分摊类似于内部税收，它是以政策为导向的，不同标准可能会有不同的后果，如以人员为标准可能会促使某些部门尽量少雇用人员。此外，还可以以实际耗用量为标准、以比例为标准、按协商标准等。因此，没有绝对完美的分摊标准 。

第二节　公共费用分摊的操作

提示

本节需要在理解上一节内容的基础上，按照公共费用分摊的维度和类别，进行准确操作。

一、公共费用分摊的三个维度

公共费用分摊有三个维度（如图 3－2 所示）：

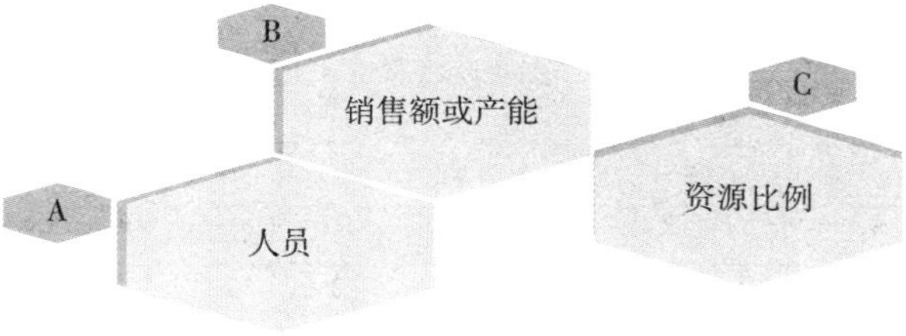

图 3－2　公共费用分摊的三个维度

1. 按人员进行费用分摊

根据各阿米巴单元的人数，对相关的费用预算进行相应比例的分摊。

2. 按销售额或产能分摊

根据各业务部门所负责的业绩数据，统计相应的比例系数，将部分公共费用进行分摊。

3. 按资源比例分摊

即按各阿米巴单元所占用资源的多少，形成相应比例和系数进行费用分摊。

成果5 阿米巴公共费用分摊规则

科目	购买或分摊规则
招聘	按人数×层次×职类定价
宿舍	按面积×物业服务定价
会议室	按大小×使用时间定价
总经办公费	按各个阿米巴营业收入分摊
保安部工费	按各个阿米巴人数分摊
对外捐助	按各个阿米巴利润分摊
IT 部工费	按终端点数分摊
公共娱乐费	按各个阿米巴层级系数分摊
……	……

操 作

设计本公司公共费用分摊的规则。

二、费用分摊总体思路

费用分摊规则分类说明：

（1）按人数分摊。

（2）按营业额分摊。

（3）按资源配置分摊。例如，按计算机台数、PDA数量、面积、资产总额、使用时间等分摊。

（4）收费方式：对产品和服务进行定价，按实际使用数量与价格进行核算。

（5）自负盈亏：成为独立经营单位，与公司现有架构完全脱钩。

思路：

从组织的顶级结构开始，将所有费用向下逐级进行分摊（或交易），每个层级的巴的分摊费用可以全面清晰地统计出来。

步骤：

（1）将控股公司的费用向管区进行分配。

①列出本级费用明细项目；

②逐项确定分摊规则；

③合并分摊规则相同项；

④将费用分摊到下一层级。

（2）将管区的费用向公司进行分配。

①列出本级费用明细项目；

②逐项确定分摊规则；

③合并分摊规则相同项；

④将费用分摊到下一层级。

（3）以此类推，直到最小单元。

费用分摊原则：

（1）同一费用从上级部门到下级部门尽可能按同一规则进行分摊，变换规则请用颜色区分。

（2）谁受益，谁承担，尽可能公平公正。

（3）分摊后各级费用总和与分摊前总和一致，即无论怎么分，总和相等。

三、费用层级划分

公共费用按层次划分需列明相关层级、承担费用的人员和部门名称，从上级到下级层级分明，直至最小单元，具体见表 3－1。

表 3－1　费用层级划分

费用层级	集团/公司/部门名称	需进行人员和费用分摊的部门	承担费用的直接下属公司/部门	与承担费用的直接下属公司/部门直接相关巴	说明
1	控股公司	董事长	2 个管区：× ×管区、× ×管区	无	
		财务总监			
		人力资源总监			
		PDA 系统维护专员			
		品牌及网络维护专员			
		董秘办			
		内审部			

续表

费用层级	集团/公司/部门名称	需进行人员和费用分摊的部门	承担费用的直接下属公司/部门	与承担费用的直接下属公司/部门直接相关巴	说明
2	××管区	总经理（兼）	2 个部门：销售、工厂	无	
		财务部			
		人事行政部			
		技术研发部			
		营销部			
		市场部			
		生产运营部			
		设备工程部			
		采购部			
3	××公司	财务部	2 个部门：销售、工厂	一级巴	
		人事行政部			
		采购部			
4	××销售部		三个二级销售巴	销售二级巴	
	销售一级巴				
	工厂		三个工厂	工厂一级巴	
5	销售二级巴		17 个三级巴		
	工厂一级巴		工厂二级巴	17 个三级巴	
	工厂二级巴		工厂三级巴		

四、公共费用分摊规则

公共费用分摊规则分类：

（1）按人头分的单位有人资中心、财务中心、副总裁办、总裁办等。

（2）按营业额分摊的有市场中心、战略采购、运输费、研发项目管理中心、标准化研究中心。

（3）按收费方式分摊的有行政部、车队、试验中心。

（4）按资源配置分摊的有工程中心、质量中心、IT。

（5）自负盈亏的有研发、市场中心零售业务。

（6）不参与各BU分摊的是研发中心孵化业务。

公共费用分摊规则详细内容见表3－2。

表3－2　公共费用分摊规则

序号	部门	费用项目	固定＆变动分配	分摊规则
1	人资中心	社保、住房公积金	固定	（1）由人资统一做预算，人资需提供各分公司、各BU、总部单位的社保/公积金的预算清单，要求具体到各分公司、各BU。发送给相关单位，并要求将这部分预算按照人资所列金额加到各BU的预算费用项目中。 （2）其中，总部公共服务单位的社保/公积金按照人数比例全部要分摊到各BU。 （3）要求人资的预算分配清单需配置合理、要求与实际分配相接近。 （4）实际月结入账时，将按照年度预算的各月固定金额进行计算。实际超出部分由总部承担，并由人资进行检讨。 （5）人资中心需注意各法人公司上交人数比例，防范风险

续表

序号	部门	费用项目	固定 & 变动分配	分摊规则
2	人资中心	猎头招聘费	固定	(1) 人资中心依据人力需求统一做预算规划。按照各 BU 猎头招聘预估费用进行分摊，比如 BU2 在 2014 年需要猎头招聘 1 个高管，预计发生猎头费 5 万元。那这笔费用就预算在 BU2。 (2) 2014 年实际月结入账时，遵循谁受益、谁承担的原则，按照实际发生额计入受益 BU。 (3) 总部职能单位发生的猎头费用，按照各 BU 人数比例进行分配
3		除猎头外其他人员的招聘费	固定	(1) 人资中心依据人力需求统一做预算规划。按照各 BU 需要招聘的人数进行分摊，按人均费用进行计算。 (2) 2014 年实际月结入账时，遵循谁受益、谁承担的原则，按照实际发生额计入受益 BU。 (3) 总部职能单位发生的招聘费用，按照各 BU 人数比例进行分配
4		商业保险、福利费、培训费	固定	(1) 人资中心做一个整体预算，然后按照各 BU 人数进行分摊。 (2) 2014 年实际月结入账时，将按照年度预算的各月固定金额进行计算。实际超出部分由总部承担，并由人资进行检讨
5		有奖介绍、残疾人保障金	固定	(1) 人资中心做一个整体预算，然后按照各 BU 人数进行分摊。 (2) 2014 年实际月结入账时，将按照年度预算的各月固定金额进行计提。实际超出部分由总部承担，并由人资进行检讨
6		总部其他费用	固定	(1) 人资中心做一个整体预算出来，然后按照各 BU 人数进行分摊。 (2) 2014 年实际月结入账时，将按照年度预算的各月固定金额进行计提。实际超出部分由总部承担，并由人资进行检讨

续表

序号	部门	费用项目	固定&变动分配	分摊规则
7	行政	水电	变动（按水电表数）	（1）各BU必须有各自独立的水表、电表。请行政部在12月中旬完成水表、电表的安装确认。 （2）由行政部提供收费标准（以每吨、每度多少元的方式，按供电供水公司标准）给到各BU，由各BU依据生产计划自行预算。 （3）总部职能单位发生的水电费用，按照各BU人数比例进行分配。 （4）2014年实际月结入账时，各BU实际发生的水电费以行政部的抄表数据及收费标准计算
8		宿舍、外租宿舍租金	变动（按房间数）	（1）按照计算租金的方式进行分摊，由行政部拟制租金收费标准。 （2）由各BU自行预算。 （3）总部职能单位发生的费用，按照各BU人数比例进行分配
9		生产及办公区域租金	变动（按面积数）	（1）按照计算租金的方式进行分摊，由行政部拟订租金收费标准。 （2）由行政部统计各BU及总部职能单位的面积分布图，并按照收费标准计算出各BU及总部职能单位的租金预算，并发送给相关单位，且要求将这部分预算按照人资所列金额加到各自的预算费用项目中。 （3）总部职能单位发生的费用，按照各BU人数比例进行分配
10		修理费用	变动（按实际用材料）	分成两部分： （1）修理用的材料费用：由各单位采购修理用材料，并自行预算。 （2）人工及其他费用：按照各BU人数比例进行分配
11		其他费用	固定	按各BU人数占比进行分摊

续表

序号	部门	费用项目	固定&变动分配	分摊规则
12	财务中心	进出口	固定	运费可以直接计算到客户的归到客户的BU，其他按各BU营业额占比进行分摊
13		其他费用	固定	按各BU人数占比进行分摊
14	市场中心	零售业务	不分配	独立核算，自负盈亏
15		市场部发生的相关费用	固定	按各BU营业额占比进行分摊
16	分公司研发	分公司研发	不分配	独立核算，自负盈亏
17	研发中心	新能源研究	不分配	主要进行光伏研究，此单位的费用全部由分公司承担
18		工业电源研究中心	不分配	主要进行新品孵化研发，暂不做分摊，由集团总部吸收承担。待后续新品市场化以后再定具体的分摊规则
19		项目管理中心、标准化研究分院	固定	按各BU营业额占比进行分摊
20		可靠性分析实验中心	按收费标准	（1）按照收取服务费的方式进行分摊，由试验中心拟订收费标准。 （2）由各BU依据销售预测、收费标准做预算。 （3）2014年实际月结入账时，按照试验中心提供的各BU费用清单进行记账
21	质量中心	所有费用	固定	按照资源配置比例进行分配

续表

序号	部门	费用项目	固定 & 变动分配	分摊规则
22		车队——货物运输费	变动	（1）按收取服务费方式计算运输费，提供外租车及厂车收费标准。 （2）一个车只拉一个客户的货，按客户直接归属到对应 BU；如几个 BU 拼车的则按重量比例进行分摊。 （3）由各 BU 参考收费标准自行预算
23		车队——小车费用	变动	（1）按收取服务费方式计算运输费，由负责人提供外租车及厂车收费标准。 （2）由各 BU 参考收费标准自行预算
24		运输费	变动	（1）海运：按外部船运的收费方式直接进到各 BU 运输费。 （2）其他费用：按照各 BU 营业额比例分配
25	经营中心	收料仓	变动	各 BU 分摊物流费用方案： （1）分摊至 BU 的物流费用为： 应该分摊至该 BU 的费用 + $\left[1+\frac{\text{该 BU 存货总金额(含原材料和成品)}\times 1.5}{\text{公司存货总金额（含原材料和成品）}}\right]$ （2）应该分摊至该 BU 的费用为：物流总费用×（BU 当月总销售额/公司当月总销售额） （3）异常加收费用标准：各 BU 如对原物料以及成品的库存量没有控制在应有规定的仓储空间之内，而产生爆仓的现象，对此将计算加收仓租费用为 50 元/平方米/日
26		成品仓	变动	
27		IT	固定	分作两部分： （1）SAP 使用费及 SAP 顾问（按用户数）。 （2）其他（按计算机数量）
28		除了以上费用项目之外	固定	按各 BU 营业额占比进行分摊
29	工程中心	所有费用	固定	按照资源配置比例进行分配

续表

序号	部门	费用项目	固定 & 变动分配	分摊规则
30	含废品仓	所有费用	不分配	废品收入归集团所有，所有费用抵扣收入
31	总裁办	战略采购	固定	按各 BU 当期采购额占比进行分摊
32	区域费用	销售	变动	BU2 承担
33		其他行政费用	变动	按各 BU 营业额占比进行分摊
34	其他公共单位	所有费用	固定	按各 BU 人数占比进行分摊

五、公共费用科目与分摊规则

公共费用科目与分摊规则根据不同部门的情况自行设定，具体示例见表 3－3。

表 3－3　公共费用科目与分摊规则

序号	对接部门	对接事项	科目名称	科目定义	现记账方式	建议分配标准	备注
1	董事办	项目费用	项目费用	只限董事办及总经理办使用	董事办	不分配	
		顾问费	顾问费	支付顾问项目发生的费用（含顾问公司费用，参加行业协会等的会员费用）	董事办	不分配	
		应酬费	应酬费	为应酬而发生的红包、礼金、娱乐及其他费用（包括为应酬而产生的车费、餐水费、住宿费等）、直接折让给客户（公司）的折扣费用	董事办	不分配	

续表

序号	对接部门	对接事项	科目名称	科目定义	现记账方式	建议分配标准	备注
1	董事办	诉讼费	诉讼费	支付的诉讼费	董事办	按案件的具体归属部门划分直接支付外部的费用	
		法务费	法务费	为处理诉讼案件发生的除诉讼费外的费用	董事办	按案件的具体归属部门划分直接支付外部的费用	
		工会相关费用	工会相关费用	为工会发生的专项费用	董事办	按人数分配	
2	总经理办公室	项目费用	项目费用	总经理办使用	总经理办公室	不分配	
		顾问费	顾问费	支付顾问项目发生的费用（含顾问公司费用，参加行业协会等的会员费用）	总经理办公室	不分配	
		福利费	公司活动费（党支部活动经费）	党、团支部各项活动经费	总经理办公室	不分配	
		茶水费	茶水费	下午茶所支付的水果、糖果等费用	总经理办公室	不分配	
		诉讼费	诉讼费	支付的诉讼费	总经理办公室	按案件的具体归属部门划分直接支付外部的费用	

续表

序号	对接部门	对接事项	科目名称	科目定义	现记账方式	建议分配标准	备注
2	总经理办公室	应酬费	应酬费	为应酬而发生的红包、礼金、娱乐及其他费用（包括为应酬而产生的车费、餐水费、住宿费等）、直接折让给客户（公司）的折扣费用	总经理办公室	不分配	
		辅料/固资/设备采购、委外维修费		主要是申请购买辅料、固资、设备的服务费用，委外维修费用	按实际申请部门归集	直接成本计入事业部，按采购总额的0.1%收取服务费，固定一月收取一次	
		对外联络相关费用		主要是对外所有应酬费、差旅费、手续费等	总经理办公室	专门为事业部办理的，可以直接归属到部门，其他不清晰的费用不分配	
3	人力企管部	住房公积金	住房公积金	指公司给员工交缴部分的住房公积金	人力资源部	各部门人员实际支付金额分配	
		社保费	社保费	支付的社会保险金，含养老保险、失业保险、工伤保险、医疗保险（公司支付部分）	各成本中心	各部门人员实际支付金额分配	
		招聘费	招聘费——场地费	为招聘而支付给人才市场或其他机构、返给公司内部介绍普工的费用、应聘人员交通费	人力资源部	直接支付给外部的招聘费按人数分配	

续表

序号	对接部门	对接事项	科目名称	科目定义	现记账方式	建议分配标准	备注
3	人力企管部	培训费	培训费	交给培训机构的学费、资料费、外出培训所发生的差旅费、场地费，公司为员工内部培训支付的费用（包括内部讲师费用）	由本单位举办的培训由本成本中心承担；公共培训费用由人力资源部承担	外部培训记入各事业部；内部培训不分摊	
		会议室、培训室使用管理		管理会议室、培训室发生的各项费用		不分摊	
		福利费	公司活动费	节日费用、运动会费、春晚费用等集团活动产生的费用	人力资源部	不分摊	
				体检费、子女入学补贴、优秀员工旅游费、团队建设活动费、年底及开工红包、生日活动费用		各部门实际受益人员分配	
			补偿金	被辞退人员离职补偿金	各部门	分配到各事业部	

续表

序号	对接部门	对接事项	科目名称	科目定义	现记账方式	建议分配标准	备注
3	人力企管部	员工调配费、植树费、联防费	交政府杂费	支付给政府劳动部门的员工调配费用、治安联防费、植树费等，包括工商管理费、各类行政证件的年审费用	人力资源部	按人数的比例分配	
		考勤系统管理费用		考勤系统的管理、维护费用	人力资源部	不分摊	
		发放工资的工本费、手续费、办理银行卡相关费用		新进人员办理银行卡费用、发放工资手续费用	各部门	按实际发生费用的人数分配	
		直接人员调动、调配		各部门之间直接人员的调配		按标准工资的1.5倍计算	
		对外联络相关费用		办理对外联络的所有费用	人力资源部	专门为事业部办理的，可以直接归属到部门，其他不清晰的费用不分配	

续表

序号	对接部门	对接事项	科目名称	科目定义	现记账方式	建议分配标准	备注
4	行政部	公共折旧费	公共折旧费	大楼公共部分所发生的折旧费用	大楼公共折旧部分分摊到部门	按使用部门的实际占用面积分摊，公共面积不分摊	
		租金	租金——宿舍租金（外部）	为员工所支付的外租宿舍房屋租金、水电费	行政部	按实际使用的人数分配	
			租金——内部宿舍	公司内部宿舍发生的费用及管理费用	行政部	按实际使用人数和固定收费标准分配	
		福利费	公司活动费	春节值班、护厂、活动费用	行政部	按人数分配	
		修理及保养费	保养费	本部门日常设备点检保养所发生的费用（含领料保养油等）	电梯保养费记入行政部；设备保养费记入各部门	能直接归属的，记入事业部；不能直接归属的不分摊	
			设备修理费	设备损坏后由工程部或IT部门维修领料产生的费用，及送外厂/单位修理所发生的费用	分配到各部门		

续表

序号	对接部门	对接事项	科目名称	科目定义	现记账方式	建议分配标准	备注
4	行政部	修理及保养费	工治具费用	外购及委托五金工模加工工治具费用	各部门按实际发生记账		
			后勤维修费用	行政部门自制低值易耗品（桌椅等），后勤、宿舍水电等维修、小装修费用	分配到各部门		
		燃料动力费	电费	支付的电费（抄表数计算）	分配到各部门	可以直接抄表计算的，记入各事业部；公用部分，按人数计算	
			水费	支付的水费	行政部统一报销，记入各单位		
			燃料费	核算生产经营过程中所使用的各种气体、各类燃油，如柴油、汽油等	行政部统一报销，记入各单位	可以直接抄表计算的，记入各事业部，公用部分，按电表计算	
		排污费	排污费	交付的排污排洪费用、包通下水道等费用	行政部	不分摊	
		卫生费	卫生费	交与环保部门的卫生费用，包括除“四害”费用等	行政部	不分摊	

续表

序号	对接部门	对接事项	科目名称	科目定义	现记账方式	建议分配标准	备注
4	行政部	通信费	固定电话费	支付的固定电话费用	行政部统一报销，记入各单位	按号码使用单位分配	
			手机费	支付报销的手机费	行政部统一报销，记入各单位	按号码使用单位分配	
		篮球场等所有公用设施		篮球场等公用设施的管理、维护费用	行政部	不分配	
		保安服务费		行政部保安人员的工资、社保、住房公积金等各项费用	行政部	保安人员工资、社保、住房公积金，按总人数的比例分配	
		宿舍水电费		宿舍人员的水费、电费	各部门	按电表、水表直接归属	
		公用设施的水电费		公用设施的水电费	各部门	不分配	
		消防设施		厂区使用的灭火器、应急灯等消防设施费用	行政部	按实际使用数量分配	
		监控系统		厂区内监控系统的购置、维护费用	行政部	不分配	
		食堂管理		食堂的管理费用	行政部	不分配	
		绿化管理		厂区内绿化、盆栽维护费用	行政部	不分配	

续表

序号	对接部门	对接事项	科目名称	科目定义	现记账方式	建议分配标准	备注
4	行政部	对外联络相关费用		办理对外联络的所有费用	行政部	专门为事业部办理的，可以直接归属到部门，其他不清晰的费用不分配	
		快递、订机票等服务费用		行政部为各部门订机票、办理快递的服务费用	行政部	快递费、机票费按实际发生记入事业部，服务费按月收取固定费用	
		工伤办理费用		行政部为各部门办理工伤的各项费用	行政部	按实际发生记入事业部，服务费按月收取固定费用	
5	财务部	商业保险	财产保险	支付公司财产保险相关费用	财务部	不分配	
			人身意外保险	支付人身意外险费用	财务总部	不分配	
		审计费	审计费	支付的审计费用	财务部	不分配	
		税费	房产税	计提的房产税	财务部	不分配	
			土地使用税	计提的土地使用税	财务部	不分配	
			车船使用税	计提的车船使用税	财务部	不分配	
			印花税	支付的企业印花税	财务部	不分配	
			堤围费	交政府单位的堤围费用	财务部	不分配	
		出纳、会计处理事务		财务人员协助事业部办理日常账务处理	财务部	如第一事业部分配一名财务人员，此费用记入第一事业部	

续表

序号	对接部门	对接事项	科目名称	科目定义	现记账方式	建议分配标准	备注
6	市场部	广告费	参展费	参加展览支付给展览主办机构的展位费用，因参展、广告、出差报销的车费、餐水费、零星开支	市场部	可直接归属的，记入事业部；不可直接归属的，按参展产品的比例分配	
			市场开拓费用	市场部开拓市场费用，包括购买市场分析报告等的费用	市场部	可直接归属的，记入事业部；不可直接归属的，按推广产品的比例分配	
			广告费	公司为销售产品或公司形象宣传发生的费用	市场部	可直接归属的，记入事业部；不可直接归属的，按年度预算营业额的比例分配	
		专利费	专利费	支付的各项专利申请费（含产品专利申请费用，商标注册费）	市场部	直接归属各事业部（针对事业部发生的）	
7	进出口科	报关费	查车费	指支付海关查车、车场费用	进出口科	可直接归属的，记入事业部；不可直接归属的，按销售额比例分配	
			打单费	支付海关打单费用以及复印、打印、传真、工本等费用	进出口科		
			商检费	支付进出货的商检费用	进出口科		
			委托费	委托转厂费用	进出口科		
			报关费	此科目只限于中国香港公司使用，包括香港所有报关费用	进出口科		
			报关人员服务费				

续表

序号	对接部门	对接事项	科目名称	科目定义	现记账方式	建议分配标准	备注
8	质量中心	客诉客退费	返工材料	去客户处返工耗用的材料	根据责任单位分配	直接按责任单位归属	
			处理客诉费用	去客户处返工、处理返工发生的所有费用（车费、餐水费、住宿费、应酬费等）	根据责任单位分配		
			原材料检测费	支付原材料检测费（包括材料环保检查、抽样、跌落试验等费用）	品管		
			客户查厂费用	客户来公司查厂的应酬费、车费等各项费用	根据责任单位分配	按客户归属，其他部门配合的费用不分配	
			体系认证费	认证费用、证书年费	根据责任单位分配	不分配	
9	工程中心	检测费	设备仪器检测	支付设备仪器检测费用（含审核费）	工程部统一报销，根据使用单位分配	直接支付给外部的直接归属到事业部；内部的按双方确定的价格表分配	
			设备维修	设备损坏后由工程部或IT部门维修领料产生的费用，及送外厂/单位修理所发生的费用	工程部统一报销，根据使用单位分配	材料直接记入事业部；直接支付给外部的直接归属到事业部；内部维护待商定	
			工治具费用	外购及委托五金工模加工工治具费用	各部门实际发生记账	按内部交易价格	

续表

序号	对接部门	对接事项	科目名称	科目定义	现记账方式	建议分配标准	备注
10	客户服务计划部	运输费	货车运输费	公司货车的油费、路桥费、汽车修理费、年审费、保险费等	客服计划部	外租车费用：若是第一事业部单独请的车，按单租车费用算；若是合并车辆，按重量分摊费用，将事业部的费用算出来	
			外租货车费	公司外租货车的运输费用	客服计划部		
		小车费	小车费用	公司的小车油费、路桥费、修理费、年审费、保险费等	客服计划部	按照外租小车的收费标准	
			外租小车费	指外租小车出差的费用	各部门		
		送货员的费用		送货人员的工资等费用	客服计划部	不分配	
		派车服务费		客户服务部安排车辆服务费用	客服计划部	不分配	
11	安规专项	认证费	安规认证费用	支付的检查费用、体系检查费、体系年费、为体系检查而发生的看厂费用、证书年费	安规专项	按客户、产品直接分配	
		认证费	体系检查费	支付的检查费用、体系检查费、体系年费、为体系检查而发生的看厂费用、证书年费	安规专项	不分配	
		外部检测费	外部检测费	送到外部单位进行检测所发生的费用	安规专项	按客户、产品直接分配	
		内部检测费	内部检测费	安规中心可提供检测的费用		按内部检测价格标准	

续表

序号	对接部门	对接事项	科目名称	科目定义	现记账方式	建议分配标准	备注
12	资讯中心	SAP设备维护费	顾问费	服务器、机房、网络设备等维保费用	资讯中心	不分配，待其他事业部成立后再定分配规则	
		硬件设备折旧费用	顾问费	各类硬件设施的费用	资讯中心	不分配，待其他事业部成立后再定分配规则	
		软件的使用、摊销费用	顾问费	使用软件的费用	资讯中心	不分配，待其他事业部成立后再定分配规则	
		计算机管理、维护、技术支持	顾问费	资讯中心管理、维护计算机和技术支持的费用	资讯中心	不分配，待其他事业部成立后再定分配规则	
		顾问各类开发服务费	顾问费	资讯中心为各部门开发报表产生的费用	资讯中心	不分配，待其他事业部成立后再定分配规则	
		网络费	网络费	支付的网络费用（含域名的维护费）	资讯中心	不分配，待其他事业部成立后再定分配规则	

续表

序号	对接部门	对接事项	科目名称	科目定义	现记账方式	建议分配标准	备注
13	研发中心	样品费用	样品费用	为客户制样所耗用的材料费用/送样快递费用	按领用部门分配	直接归属各事业部	
		检测费	成品检测费	支付成品检测费（包括成品环保检查、抽样、跌落试验等费用）	研发中心	直接归属各事业部	
			EMC检测	支付研发部 EMC 预测费	研发中心	直接归属各事业部	
		专利费	专利费	支付各项专利申请费（含产品专利申请费用、商标注册费）	申请部门（研发中心、市场部）	直接归属各事业部	
		工程仓管理	工程仓管理费用	工程仓管理发生的人员、场地、材料费用	研发中心	按照实际领用材料单价计算费用	
		标准化支持与信息共享费用	标准化支持与信息共享费用	研发提供的标准化支持与信息费用	研发中心	不分配	
14	供应链中心	通用材料采购服务费用	通用材料采购服务费用	通用材料采购发生的服务费用	供应链中心	按领用总金额的0.1%收取	

续表

序号	对接部门	对接事项	科目名称	科目定义	现记账方式	建议分配标准	备注
15	资材中心	叉车费	叉车费	物流环节使用叉车所发生的费用	资材中心	不分配，待其他事业部成立后再定分配规则	
		搬运费	搬运费	物流环节发生的搬运费用	资材中心	不分配，待其他事业部成立后再定分配规则	
		生产计划、安排服务费	生产计划、安排服务费	资材中心安排生产计划发生的服务费用	资材中心	不分配	
16	分公司	材料购入发生的费用	材料购入发生的费用	购入材料发生的各项费用	分公司	不分配，材料单价中已加收0.3%代购费	
		产品销售发生的费用	产品销售发生的费用	销售产品发生的各项费用	分公司	销售按实际直接分配到事业部；其他费用按销售额比例分配	
17	各销售中心	事业部之间交叉接单的价格确定	事业部之间交叉接单的价格确定	各事业部之间交叉接单的价格确定		按年度实际产生费用测算预算，半成品计价标准：按标准价+5%利润作为交易价计算	
18	各事业部	关联交易价格的确定	关联交易价格的确定	各事业部之间关联交易价格的确定			

六、人力成本分摊表

人力成本主要包含人工费用、社会保险、住房公积金、工会经费等项目，各部门可根据实际情况自行制定分摊规则，具体示例见表3－4。

表3－4　人力成本分摊表

<table>
<tr><th>费用发生部门</th><th>费用项目</th><th>包含内容</th><th>分公司</th><th>销售部（销售一级巴）</th><th>销售部（销售二级巴）</th><th>销售部（销售三级巴）</th><th>工厂</th><th>三厂（工厂一级巴）</th><th>三厂（工厂二级巴）</th><th>三厂（工厂三级巴）</th></tr>
<tr><td rowspan="6">控股公司</td><td rowspan="2">人工费用</td><td>工资</td><td rowspan="6">按销售额分摊</td><td rowspan="6">按费用分摊</td><td rowspan="6">按销售额分摊</td><td rowspan="6">按人数分摊</td><td rowspan="6">按费用分摊</td><td rowspan="6">按产值分摊</td><td rowspan="6">按产值分摊</td><td rowspan="6">按人数分摊</td></tr>
<tr><td>劳务费</td></tr>
<tr><td>社会保险（统筹）</td><td>养老＋失业＋医疗＋工伤＋生育</td></tr>
<tr><td>住房公积金</td><td>住房公积金</td></tr>
<tr><td>工会经费</td><td>工会经费</td></tr>
<tr style="display:none"></tr>
<tr><td rowspan="5">分公司公共费用</td><td rowspan="2">人工费用</td><td>工资</td><td rowspan="5">按费用分摊</td><td rowspan="5">按销售额分摊</td><td rowspan="5">按人数分摊</td><td rowspan="5">按费用分摊</td><td rowspan="5">按产值分摊</td><td rowspan="5">按产值分摊</td><td rowspan="5">按人数分摊</td><td rowspan="5"></td></tr>
<tr><td>劳务费</td></tr>
<tr><td>社会保险（统筹）</td><td>养老＋失业＋医疗＋工伤＋生育</td></tr>
<tr><td>住房公积金</td><td>住房公积金</td></tr>
<tr><td>工会经费</td><td>工会经费</td></tr>
</table>

续表

费用发生部门	费用项目	包含内容	分公司	销售部(销售一级巴)	销售部(销售二级巴)	销售部(销售三级巴)	工厂	三厂(工厂一级巴)	三厂(工厂二级巴)	三厂(工厂三级巴)
部门公共费用	人工费用	工资	按照实际发生	按销售额分摊	按人数分摊	按照实际发生	按产值分摊	按产值分摊	按人数分摊	
		劳务费								
	社会保险(统筹)	养老+失业+医疗+工伤+生育								
	住房公积金	住房公积金								
	工会经费	工会经费								

七、工时分摊表

工时分摊规则可根据发生部门的实际情况制定，示例见表3-5。

表3-5　工时分摊表

工时发生部门	分公司	销售部(销售一级巴)	销售部(销售二级巴)	销售部(销售三级巴)	工厂	三厂(工厂一级巴)	三厂(工厂二级巴)	三厂(工厂三级巴)
控股公司	按销售额分摊	按费用分摊	按销售额分摊	按人数分摊	按费用分摊	按产值分摊	按产值分摊	按人数分摊
分公司		按费用分摊	按销售额分摊	按人数分摊	按费用分摊	按产值分摊	按产值分摊	按人数分摊
部门公共工时		按照实际发生	按销售额分摊	按人数分摊	按照实际发生	按产值分摊	按产值分摊	按人数分摊

阿米巴经营会计
AMOEBA

第四章

阿米巴内部定价

内部定价是阿米巴领导的职责，价格应定在客户乐意接受、公司又赚钱的平衡点上。给产品定价有各种考量：是低价，薄利多销，还是高价，厚利少销？价格体现经营者的经营思想。

阿米巴经营模式引入外部的市场机制，各阿米巴单元间将原来的工作交付关系转化为交易关系，相互间进行产品或服务交易。内部交易的前提是确定好各阿米巴单元间的产品或服务价格。

本章目标

1. 理解：内部定价的种类。
2. 理解：从战略角度考虑阿米巴内部定价。
3. 掌握：经营会计的四种内部定价方法。
4. 操作：如何对本阿米巴进行内部定价。

第一节　内部定价的种类

提示

本节内容是阿米巴经营会计的核心内容，需要深刻理解，反复操练。

阿米巴与阿米巴之间的交易主要有两种：一种是产品交易，另一种是服务交易。产品交易又分为三种：第一种是外发加工式，第二种是外购部件式，第三种是购销委托式。

什么叫外发加工式？改革开放之初，企业流行“三来一补”，即来客户、来技术、来材料，补一下加工。

什么叫外购部件式？企业从上游厂家买来商品，对于阿米巴来讲是一个部件，对于上游来讲它是一个成品。阿米巴要对这个部件进行加工或者组装，不是说拿来就完全可以去卖的，这个叫外购部件式。

什么是购销委托式？阿米巴接了订单，然后下单给别人去做。产品做完之后，不需要阿米巴再做任何加工处理，直接就可以销售给客户。

阿米巴内部之间除了产品的交易，实际上还有很多是服务的交易，这些服务的交易也有一个定价。比如人力资源部帮助阿米巴招聘员工，获得的回报就叫服务的定价。所以，我们从交易的种类来讲，定价就分为产品定价和服务定价，然后再细分成不同的种类，这就是我们所有的定价的种类（见表4－1）。

表4－1　阿米巴定价的种类

		简述	订货式	备货式
产品定价	外发加工式			
	外购部件式			
	购销委托式			
服务定价	单项服务			
	常年服务			

按产品定价，有成本推算法（订货式）、利润逆算法（订货式）、利润逆算法（备货式）三种方式，如图4－1～图4－3所示。按服务定价，有成本推算法，以下有公式说明。

1. 产品定价——成本推算法（订货式）

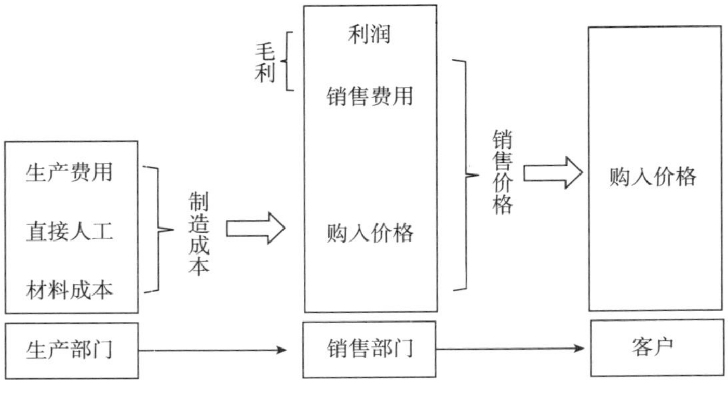

图4－1　产品定价——成本推算法（订货式）

2. 产品定价——利润逆算法（订货式）

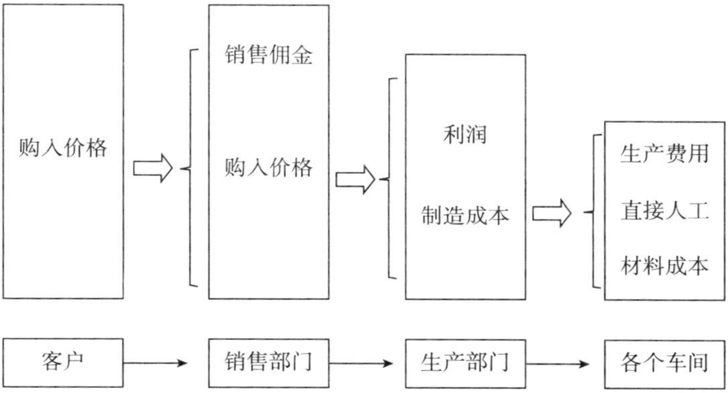

图 4－2　产品定价——利润逆算法（订货式）

3. 产品定价——利润逆算法（备货式）

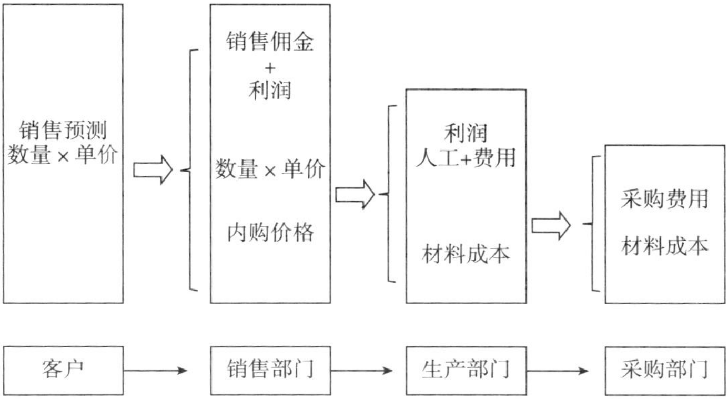

图 4－3　产品定价——利润逆算法（备货式）

4. 服务定价——成本推算法

服务单价 =（人工 + 各种费用）÷ 预订服务次数 + 单次利润。

其中，人工 = 工资 + 奖金 + 福利 + 其他；

费用 = 管理费用 + 低值易耗品 + 上级分摊。

第二节 经营会计的四种内部定价方法

提示

本节内容需要深刻理解，结合不同产品和服务，思考用何种定价方案最适宜，并进行演练，为内部定价方案的形成做好准备。

内部定价有不同的种类，也有不同的定价方法。我们归纳了一下，常用的有四种（见表4－2）。

表4－2 经营会计的四种内部定价方法

定价方法	适用对象
成本推算法	成本较高并有刚性需求
利润逆算法	利润弹性不大，成本弹性较大
市场参照法	服务交易
开价砍价法	服务交易

一、成本推算法

成本推算法是指按照每道工序的成本来推算内部定价。这是以每道工序的产品单位成本为依据，再加上预期利润来确定内部价。

例如，A 阿米巴向 B 阿米巴购买注塑件，那 B 阿米巴就要计算：塑料米多少钱一吨，模具多少钱一套，一套模具能做多少个这种产品；然后注塑机多少钱一台，一台注塑机能用几年，一年又能做多少个这种产品。厂房分摊折旧、直接的人工工资、管理人员的工资，所有成本加起来，计算出做一件注塑件的内部成本价是 2 元。另外，B 阿米巴还要分摊总部的公共费用。

阿米巴内部成本加上分摊的公共费用，这是生产一件产品的成本。然后在保证 20% 利润的前提下，才能进行交易。

成本推算法适用于内部转让的产品或劳务没有正常市价的情况。从它的最终价格向前倒算，来决定各道工序的价格。这一产品以这一价格卖给客户，那么，最终检验工序的价格是多少，精加工工序价格是多少，一直推到原料部门的价格是多少。这样来决定各道工序间的价格。

成本推算法是阿米巴内部定价首先需要考虑的方法。成本是阿米巴生产经营过程中所发生的实际耗费，客观上要求通过商品的销售得到补偿，并且要获得大于其支出的收入，超出的部分表现为企业利润。

成本推算法的优点是定价方式简单明了，以现成的数据为基础；在考虑本阿米巴合理利润的前提下，下一道工序的阿米巴需求量大时，价格会显得更公道。在实践中，阿米巴可以采用成本加成的方法（在服务成本的基础上加一定的加成率）来定价。这种定价方法的缺点在于：一是不考虑市场价格及需求变动的关系；二是不考虑市场的竞争问题；三是不利于企业降低产品成本。

操作

根据成本推算法，进行阿米巴内部定价。

二、利润逆算法

利润逆算法即已经决定了利润的多少，其他定价根据各自需要自行解决。其优点是比较关注市场、关注竞争对手。

一定的目标利润需要一定的目标销售额和目标成本来维系。阿米巴组织以利润目标为出发点，在科学的市场调查与预测的基础上，通过市场调查、预测和同行业先进水平、本阿米巴最好水平的比较，从而对阿米巴将来一定期间所获得的利润做出科学预算。以阿米巴经营目标、生产或进货成本、费用、税金、预期收益为依据，以追求经济效益最大化、实现预期投资报酬率、扩大市场份额、维持营业等为目标，确定合理的产品价格。

在确定目标利润时，要以本阿米巴的历史资料为基础，根据对未来发展的预测，通过研究产品品种、结构、成本、产销数量和价格几个变量间的关系及对利润所产生的影响，结合市场经济动态、企业的长远发展规划等有关信息，在反复研讨论证的基础上加以确定，以确保本期利润的最优化。

操作

根据利润逆算法，进行阿米巴内部定价。

三、市场参照法

市面上多少钱，阿米巴就卖多少钱。

市场参照定价法，主要是以产品或劳务的市场供应价格作为计价基础，若卖方愿意对内销售，且售价不高于市价时，买方有购买的义务，不得拒绝；若卖方售价高于市价，买方有改为向外部市场购入的自由；若卖方宁愿对外部销售，则应有不对内销售的权利。由于降低销售成本、没有契约成本等而在一定程度上节约了成本，应相应调整定价。

在存在完全竞争的市场条件下，参照市场价格，让定价双方心中有数，最终按照市场的价格去定价。采用市场参照法可以解决各阿米巴之间可能产生的冲突，生产型阿米巴有权选择其产品是内部转移还是卖给外部市场，而采购型阿米巴也有权自主决定。

以市场为依据的内部定价，是以市场上的产品或有偿服务价格作为内部价格，适用于能够对外销售产品及从市场上购买产品的较高层次的阿米巴。企业应在进行市场调查的基础上，参照市场上的定价，尽量等于或小于该种产品或服务的平均市场价格。

市场参照法的特点是灵活有效地运用价格差异，对平均成本相同的同一产品，价格随市场需求的变化而变化，不与成本因素发生直接关系。

如果与市场价格偏离，将会使相关阿米巴的利润下降。市场价格比较客观，能够体现责任会计的基本要求，但市场价格容易波动，准确性与可靠性受影响，甚至有些产品无市场价格作为参考。市场价格作为内部交易价格有很大的限制。

操作

根据市场参照法，进行阿米巴内部定价。

四、开价砍价法

开价砍价法是指阿米巴之间本着公平、自愿的原则，买卖双方以正常的市场价格为基础，定期共同协商，确定出一个双方都愿意接受的价格作为计价的标准。

内部转移价格中所包含的推销和管理费用，一般要低于外部供应的市价。内部转移的中间产品一般数量较大，故单位成本较低，售出单位大多拥有剩余生产能力，因而议价略高于单位变动成本就行。

开价砍价法在各阿米巴独立自主制定价格的基础上，充分考虑了企业的整体利益和供需双方的利益；同时，保留了阿米巴负责人的自主权，培养了阿米巴的经营人才。

这种方法若运用恰当，将会发挥很大的作用。但在实际操作中，由于存在质量、数量、商标、品牌甚至市场的经济水平的差别，因此与市场价格直接对比很困难。

评点

开价砍价法的优点就是效率比较高，有利于企业整体利益最大化的实现。缺点主要有两个方面：一是业绩指标可能由于阿米巴负责人的协商谈判技巧而扭曲；二是面议时会花费相当多的时间和资源。

总之，阿米巴的内部定价不能拘泥于一种定价方式，要结合企业与各阿米巴组织的实际情况，采用多种定价方法互补的形式，才能更好地适应企业内外市场。

这就是四种内部定价方法，各有利弊。比如成本推算法，适合成本较高、较刚性的阿米巴使用。利润逆算法适用于利润的刚性较足，弹性不大，但是成本的弹性较大的情况。市场参照法、开价砍价法适合服务交易。

第三节　从战略角度考虑阿米巴内部定价

针对阿米巴经营会计的重点与难点——内部定价，我们应该知道内部市场化是阿米巴经营的主要体现。制定阿米巴的内部价格，是阿米巴取得业绩和利润的关键。因此，我们需要从战略角度考虑阿米巴内部定价。

每一个阿米巴都是一个小的利润中心，所有阿米巴都负有核算责任。每个阿米巴的领导人都必须负责本巴的定价，考察每一种产品的核算，在正确的经营理念指导下，实现利润最大化。此外，内部定价还考验每一位阿米巴领导人的经营智慧。

阿米巴内部定价是企业内阿米巴组织之间相互提供产品、半成品或劳务而引起的结算、转账所需要的一种计价标准。阿米巴的内部定价与公司经营战略、公司的内部控制和管理制度相关。阿米巴的内部定价不是“拍脑袋”定出来的，而是要结合历史数据进行分析，并参考外部市场价格，制定出最科学的内部交易价格。

阿米巴内部定价的意义主要体现在：提升各阿米巴内部资源的有偿使用意识；形成完整的交易价格体系；完善阿米巴有偿服务质量标准；通过阿米巴内部定价，使阿米巴获得直接经济效益。

阿米巴要进行内部定价，就要企业内部市场化。企业内部多个阿米巴之间、利润中心与成本中心之间，按照市场机制建立交易关系，明确相互之间提供的产品和服务以及收费标准，确定违约责任和索赔机制。同时，引入外部市场价格促使内部交易服务成本下降，如果内部服务成本无法降低则还应寻求外部交易机会。

重点提示

阿米巴内部定价的意义主要体现在：提升各阿米巴内部资源的有偿使用意识；形成完整的交易价格体系；完善阿米巴有偿服务质量标准；通过阿米巴内部定价，使阿米巴获得直接经济效益。

第四节 内部交易定价六要素

一般而言，内部交易定价，主要有六要素（如图4-4所示）：

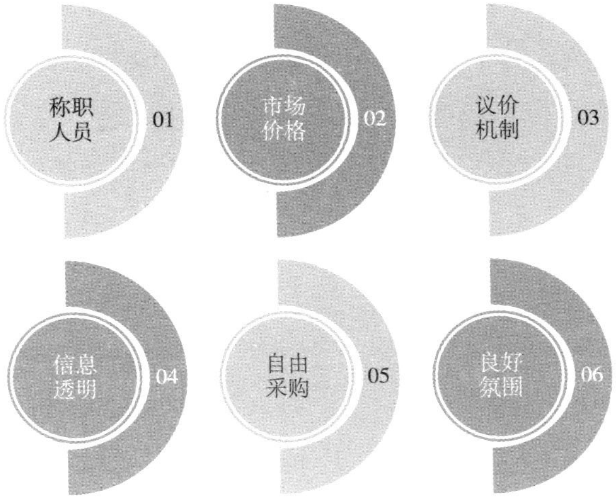

图4-4 内部交易定价六要素

（1）称职人员。在理想状况下，管理者应该既关注本责任中心的长期业绩，又关注短期业绩。参与转让价格议定和仲裁的人员也必须称职。

（2）市场价格。理想的转让价格应该基于已经形成的转让产品的同等产品的正常市场价格，即反映要确定转让价格的产品同等条件的市场价格。市场价格可以下调，以反映因内部销售而产生的成本节约。

（3）议价机制。各个阿米巴经营单元之间必须存在一个议定的“合同”协调机制。

（4）信息透明。管理者必须了解可以获得的替代方式，以及每种方式的相关成本和收入。

（5）自由采购。应该存在替代采购方式，管理者应该有权选择最有利于自己的替代方式。采购经理应该有外购的自由，销售经理也应该有外销的自由。市场价格反映销售方对内销产品的机会成本，转让价格反映公司的机会成本。

（6）良好氛围。管理者必须把损益表中所反映的盈利能力视作业绩评价的一个重要指标和重大因素。他们应该认为转移价格是公平与合理的。

第五节　界定阿米巴内部交易的结算标准

提示

本节内容是阿米巴内部交易的核心，需要深刻理解，反复演练。

定价能力是保护利润的关键。科学制定内部价格，能够使各阿米巴利润相对客观、真实。

确定内部定价标准，需将阿米巴组织所涉及的定价项目全部列出，有遗漏的还需及时增补并调整。

企业要构建起内部交易模型，在企业内部实现市场化运作。阿米巴内部交易的实际操作方式是：把下一道工序的阿米巴视为上一道工序阿米巴的客户，各阿米巴之间以产品与有偿服务的方式，按市场化运作方式进行交易。

阿米巴内部交易主要是两种形式：产品定价和有偿服务定价。一个是产品，看得见、摸得着；另一个是服务，看不见、摸不着。有偿服务的定价方法看起来简单，只有一种——以时间为单位核算。不管是制定产品的价格，还是制定有偿服务的价格，一个很重要的关键词叫作单位时间，单位时间是核算内部价的基础。

1. 界定阿米巴的产品内部交易结算标准

阿米巴经营是以市场价格为基础，通过把市场价格引入阿米巴经营体系，根据内部交易价格开展生产经营活动的。

界定阿米巴的产品内部交易结算标准，我们必须明确以下几点内容：

（1）定价为经营之本。

阿米巴领导人必须对收集来的信息进行彻底的分析，在准确掌握市场价格和竞争对手动向的基础上，正确认识本阿米巴产品的价值，然后进行价格评估。内部产品定价主要采取成本加成定价法：内部结算价格等于实际成本加上当期平均销售利润。

（2）所有工序都按照单位时间进行定价。

内部产品交易是企业内部各阿米巴之间物资、材料、产品、半成品、零部件的购销活动。公司内部购销的定价是按照生产该产品各道工序的阿米巴的相同单位时间决定的，由于原本就是高附加值产品，所以所有工序都是按照单位时间进行定价的。

（3）实施定价与降低成本的联动。

对产品进行定价时，必须同时考虑降低成本的方法，而且，生产型阿米巴需要进行成本削减，找到降低生产成本的办法。做到内部定价与降低成本的联动，保障阿米巴的利润和市场竞争力。

表4－3为企业内部各阿米巴间产品定价的演练。

表4－3 产品定价演练

产品编号	产品名称	最终交易成果界定	定价依据	单价

2. 界定阿米巴的有偿服务结算标准

有偿服务是指各阿米巴之间加工、运输及服务的活动。公司按照“细化项目、明确标准、合同承包、有偿服务、严格结算”的原则，界定阿米巴的有偿服务结算标准。

（1）影响阿米巴有偿服务定价的因素。

影响有偿服务定价的因素主要有三个，即成本、需求和竞争（如图4－5所示）。

图4－5 影响有偿服务定价的三个因素

管理型阿米巴必须理解有偿服务的成本是随时间和需求的变化而变化的。成本决定着有偿服务价格的最低界限，如果价格低于成本，阿米巴组织便无利可图；市场需求决定着有偿服务价格的上限；市场竞争状况直接影响着阿米巴有偿服务定价策略的制定。在有偿服务差异性较小、市场竞争激烈的情况下，制定的服务价格也相应降低。

（2）阿米巴有偿服务的定价方法。

①成本推算法。这是指阿米巴组织依据其提供服务的成本决定服务的价格。这种方法的优点：一是比较简单明了；二是在考虑阿米巴合理利润前提下，当客户需求量大时，能使提供服务的阿米巴维持在一个适当的盈利水平，并降低客户的购买费用，其具体的方法有利润导向定价法。

②竞争导向定价法。这是以竞争者各方面的实力对比和竞争者的价格作为定价的主要依据，以竞争环境中的生存和发展为目标的定价方法。

3. 阿米巴有偿服务结算程序

有偿服务结算程序是：

（1）供销双方签订有偿服务合同；

（2）劳务方依据协议提供服务，并开具结算单；

（3）劳务方开具发票结算；

（4）接受劳务方履约付款。

表4－4为企业内部各阿米巴间有偿服务定价的演练。

表4－4　有偿服务定价演练

产品编号	服务名称及提供部门	最终交易成果界定	定价依据	单价

第六节　阿米巴内部定价之生产定价

提示

本节内容是阿米巴经营会计的核心内容，需要深刻理解，反复演练。

在推行阿米巴的过程中，直接与市场对接的销售阿米巴组织的定价一般采用市场参照法。生产模块的定价则相对复杂。

生产模块在员工自主经营中处于核心位置。在制定成本目标时，一般的做法是采用标准成本核算法，用标准成本与实际成本比较，核算和分析成本差异，从而加强成本控制。但是，当下的市场瞬息万变，价格的变化随着顾客的需求和厂家供给量而波动，一旦开始“价格战”，一成不变的标准成本就无法适应市场的灵敏性，最终导致企业连成本也无法收回。这样的核算方法在激烈的市场竞争条件下，可能会误导经营者，所以生产定价必须由成本推算法向市场参照法转变。

以“市场决定价格”的市场参照定价法作为基本的准则贯彻成本管理的始终。在此可采取价格还原成本法，即算出一个适于该产品的成本率（或者是期望的目标利润率），然后乘以产品的售价作为成本，即内部交易价。

用这样的成本计算方法，成本随着市场价格而变，使得经营单元中的每位员工都保持一定的危机感。在对经营单元进行独立核算的前提下，为了保证盈利，员工便会想方设法地不断降低成本，减少费用，提高生产效率。

在各生产模块之间存在着上、下工段或者流程的关系。为了进行准确核算，防止工段之间生产总值结算不清，需要对每一个生产模块的原料采购和产品销售进行独立核算。需要明确的是，作为独立的生产模块，其市场原料的采购不仅能在内部进行，还能够在全面分析原材料价格和质量的基础上，在公司外部采购。同样地，产品的销售也可以在内部和外部进行。这样可以加强竞争意识，培养经营人才。

在外部进行的销售和采购容易结算，关键是如何进行内部采购与销售的结算（如图 4－6 所示）。

图 4－6　简化的内部工段

从简化的内部工段看，工段 2 的生产模块需要向工段 1 采购，并把产品卖给工段 3。在采购生产原料的时候，工段 2 的生产模块便成为一个“采购单元”，可以与工段 1 协商价格，工段 1 在保证盈利的情况下确定卖出价格。工段 2 买入原料之后进行生产，将生产出来的产品卖给工段 3。这个时候，工段 2 的生产模块便成为“销售单元”，在保证盈利的情况下，以一个双方协商的价格卖给工段3。在这样的关系和计算模式下，每一个模块的收入和成本情况便能够独立核算、一目了然。

一、定价步骤

各工段之间的交易如果有市场价格作为参考就尽可能用市场价定价；如无市场价作为参考，则按以下步骤计算各工段的交易价格。

（1）可先估算各工段的每个品种的实际成本，详见以下各工段成本计算。

（2）再根据每个品种的实际成本占总成本的比例乘以内部交易价，得出各工段每个品种的价格增加值。

（3）把价格增加值与前面所有工段的价格增加值相加，等于本工段各品种的卖出价即内部交易价。

各工段成本计算，按以下步骤进行：

①确定交易品种（列表），制作相关表格。

②确定交易品种单位工时，制作表格和收集数据。

③统计总费用＝料＋工＋费＋分摊费用、产品数量、物料投放量。

④按工艺顺序逐一计算各品种成本价。

通过以上各工段的定价，可以将市场价传导到生产领域的每一工段，使生产部门的员工能以市场为导向，增强经营意识，成为真正的经营者。

在确定生产工段的定价时，我们用历史数据作为定价依据，这里的历史数据包括财务数据和工时数据、BOM 数据。在阿米巴经营会计中，历史数据的收集与分析非常重要。企业只要开展经营，就必须使经营数据成为反映经营实际状况的唯一的真实材料。所有的定价也会把历史数据作为一个最重要的计算依据。

二、实践操作：阿米巴产品定价规则

第一条　销售定价

销售的产品定价以目前公司对外销售定价为准。销售的一级、二级、三级巴统一按此标准执行。

第二条　工厂定价

工厂产品定价准则：成本定价。

工厂产品定价原理：

1. 原理

单价 = 采购价 + 本巴单品加工价；本巴单品加工价 = 单品总费用 ÷ 单品数量；总费用 = 料 + 工 + 费 + 分摊费用。

2. 计算方法

（1）计算单品的总费用。

①按《费用分摊规则》的要求将所有费用分到生产三级巴，得出三级巴总费用。根据总费用公式，总费用项中能对应到单品中的料、工、费进行一一对应；不能对应的部分物

料按下面②中所列方法进行分摊，工、费和分摊按③中的方法进行分摊。

②物料（包括原辅料、包材）按品种标准配方投料点金额和投料量进行分摊。

③三级巴内总费用不能对应部分的工、费和分摊，按每个单品在巴内总工时所占比例进行分摊。

（2）单品数量以交给下一个巴合格产品的数量为准，单位以交易的最小单位为准。

（3）计算本巴单品加工价：单价 = 单品总费用 ÷ 单品数量。

（4）计算单品交易价：单价 = 采购价 + 本巴单品加工价。

3. 操作步骤

（1）进行工厂分品种分工序工时统计，根据统计数据分析各品种工时在各巴总工时的占比。

（2）将统计的巴总费用一一对应和分摊到各品种，得出各品种总费用即单品总费用。

（3）用单品总费用除以统计汇总的对应单品的数量，即可得出本巴单品加工费。

（4）将本巴单品加工费加上单品采购费用，即可确定本巴单品的交易价格。

第三条　形成定价表

按以上规则进行数据统计和计算，最终形成“交易价格目录表”。

第四条　收集原始数据

财务部门需要收集原始会计数据。

第五条　定价计算

参考如下表格：

交易品种单位工时确定表；

交易品种工时确定表；

交易品种料和可对应到交易品种的其他费用金额确定表；

交易品种分摊费用按工序分摊表；

交易价格目录表。

阿米巴内部定价标准参考表4－5。

表4－5　工程中心收费标准　　单位：元

部门	设备的统筹管理	设备维修	设备保养	工治具管理	工治具设计	工治具电气设计	设备仪器管理	自动化规划导入	布局规划工程	定额及系统标准化控制	中心办	汇总
第一事业部	0.17	0.43	0.71	0.29	0.29	0.14	0.08	1.00	0.14	0.43	0.17	3.85
第二事业部	0.17	0.43	0.71	0.29	0.29	0.14	0.08	1.00	0.14	0.43	0.17	3.85
第三事业部	0.17	0.43	0.71	0.29	0.29	0.14	0.08	1.00	0.14	0.43	0.17	3.85
第四事业部	0.17	0.43	0.71	0.29	0.29	0.14	0.08	1.00	0.14	0.43	0.17	3.85
第五事业部	0.17	0.43	0.71	0.29	0.29	0.14	0.08	1.00	0.14	0.43	0.17	3.85
分公司	0.17	0.43	0.71	0.29	0.29	0.14	0.08	1.00	0.14	0.43	0.17	3.85

第五章

阿米巴内部交易规则

俗话说，无规矩不成方圆，阿米巴经营模式的一个重要理念就是将传统经营管理中各部门间对工作的“交付关系”改变为“交易关系”。

阿米巴内部交易，指产品某个环节的阿米巴从前一环节阿米巴购买半成品，进行加工，然后卖给下个环节的阿米巴。阿米巴之间的产品流动不是基于成本价的单纯交付，而是按照双方协商决定的内部价格进行交易，即内部销售和内部采购。

在工作由“交付”变成“交易”的前提下，企业划分成若干个阿米巴组织之后，建立各阿米巴组织之间的交易规则便成了一个重要任务。

本章目标

1. 理解：阿米巴内部交易机制的关键点。
2. 理解：阿米巴内部交易的逻辑。
3. 操作：阿米巴内部交易体系构建。
4. 了解：阿米巴之间如何进行内部交易。
5. 了解：内部交易协调管控机制。

形成成果

1. 确定内部交易关系表。
2. 阿米巴内部交易的报表呈现。

第一节　内部交易的常见冲突

在阿米巴内部交易的过程中，常见如下冲突情境。

提供方：订单又被客户罚钱了，损失由销售部负责。

销售方：你们的质量不良，应由你们负责。

解决阿米巴内部冲突问题，就要制定阿米巴之间的交易规则，比如定价、质量验收标准、交货期标准、违约责任等。

如何界定内部交易规则？确定内部交易规则，主要从组织机制、基本原则、定价规则、交易规则等方面着手。

阿米巴之间交易纠纷如何申诉处理？各阿米巴经营单元间出现交易纠纷，双方应本着“利他共赢”原则协商处理，在搞清责任的前提下，各自多做自我批评，达成共识；重大交易纠纷可向经营管理委员会提出申诉，经营管理委员会接到申诉后委托专人进行调查研究，在充分听取当事双方意见基础上作出裁决。

思考：如何解决阿米巴内部交易的冲突？

第二节　内部交易机制的关键点

阿米巴内部交易机制的关键点，主要有内部交易的界定、内部交易的定价与规则和内部交易的报表呈现（如图5－1所示）。

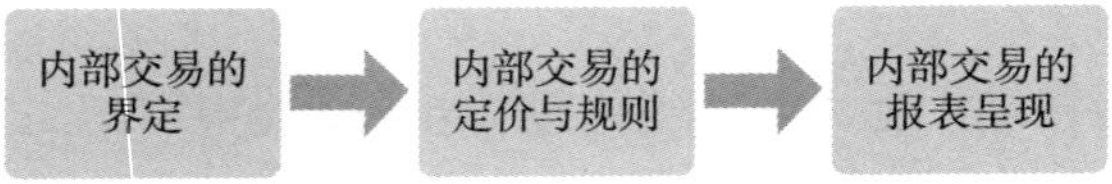

图5－1　内部交易机制的关键点

一、内部交易的界定

内部交易的界定，主要是确定提供方和需求方、交易标的、交易类型和定价方法等。

成果6　确定内部交易关系表

提供方	需求方	交易标的	交易类型	定价方法	计算过程	交易价格

阿米巴交易关系界定的具体操作，可以参考表5－1。

表5－1 阿米巴交易关系界定

卖方（提供方）	买方（需求方）	交易标的	交易类型	定价规则	交易规则
供应链中心		进货、发货、退货服务	阿米巴产品交易		
运营中心		事务调配	阿米巴产品交易		
人力资源中心		人员招聘服务	阿米巴产品交易		
品控中心		维护、评价	阿米巴产品交易		
财务中心		盈亏核算	阿米巴产品交易		
总经办		压低价格成本	阿米巴产品交易		

二、阿米巴内部交易规则

阿米巴内部交易规则，主要体现交易双方的契约精神，交易双方要对交易的时效性、数量、质量、价格、服务进行约定。

1. 经营单元交易基准价格

各阿米巴单元间产品的交易在“基准价”基础上根据产品质量、规格调整后的价格进行结转。各阿米巴单元产品的内部交易基准价由公司企划部制定、发布；阿米巴单元的产品按照成本加成法制定基准交易价，各环节利润贡献度由公司管理层协商决定。

2. 阿米巴的交易规则

（1）品名、数量、单价表示清楚。

（2）日期、验收标准需要确定。

（3）损失界定、赔偿界定。

阿米巴之间一定要界定清楚交易规则，否则很难形成真正的交易。

三、阿米巴内部交易权责如何界定

阿米巴内部交易定价与交易规则往往同时存在。

阿米巴划分后，要明确界定各阿米巴的权责。在明确阿米巴权责后，对该阿米巴的主要职责、具体工作内容、完成经营活动所需要的职权、与其他阿米巴之间的工作关系和工作条件等内容进行明确的描述。

四、阿米巴内部交易规则落地工具

阿米巴内部交易规则落地工具，主要是内部交易的报表呈现。

成果7 阿米巴内部交易的报表呈现

内部交易事项（产品/服务）	交易对象		双方责任约定		违责约定		
					影响因素	评判标准	补偿规则
	需求方		时效性				
			数量				
			质量				
			成本（价格）				
			服务				
	提供方		时效性				
			数量				
			质量				
			成本（价格）				
			服务				

第三节　内部交易逻辑

阿米巴内部交易最大的改变，就是指标金额化。有的人会对数字不敏感，但极少有人对金额不敏感（如图5－2所示）。

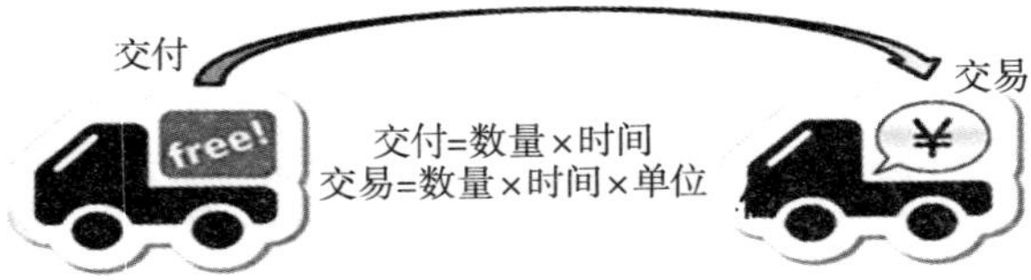

图5－2　内部交易逻辑

一、阿米巴内部交易类型

阿米巴内部交易主要有以产品为标的交易和以服务为标的交易。除此之外，还有几种特殊的交易类型，例如劳务交易。具体见表5－2。

表5－2　阿米巴内部交易类型

交易类型	
购销	买卖
外发加工	成品
	半成品
	部分工序

续表

交易类型	
佣金	信息共享
	佣金
服务	人员借调
	其他服务

1. 以产品为标的交易

以产品为标的交易主要采用内部转移（成品、半成品实物转移）价格进行结算，业务链上、下环节之间按市场交易的买卖关系进行交易。

2. 以服务为标的交易

以服务为标的的交易通过为各阿米巴单元提供服务，以收取服务费用（或分摊其部门费用）的方式进行交易。

3. 各阿米巴单元劳务交易

除了以上两种交易类型，各阿米巴单元如果临时出现劳力不足现象，可向上级领导提出劳务调配申请，上级领导与劳务富裕单元协调输出劳务服务。如上级领导无法在管辖范围内进行劳务调配，可向再上一级领导申请，在更大范围内协商劳务调配。

在劳务调配开始实施后，劳务需求方如需变更计划用工时间，应提前与劳务输出方进行沟通，征得同意后方得延长或缩短用工时间。

在劳务需求方未提出特殊岗位技能要求的情况下，劳务需求方按本单元员工现行平均工资标准向劳务输出方支付费用。

如劳务需求方对需求的劳务有特定岗位技能要求，可按本单元该岗位现行工资标准向劳务输出方支付费用。

劳务调配完成后，由供需双方负责人在“劳务调配结算单”上签字，按月划拨交易费用。

劳务输出方收取的费用应记入本单元经营会计报表的支出科目“人工费”项目，但要记为负支出，以冲抵人工费支出；劳务购买方支付的相应费用应记入本单元经营会计报表的支出科目“人工费”项目。

二、阿米巴经营单元交易节点

第一，阿米巴经营单元日交易节点。各阿米巴单元间日交易，以上下工序直接交接或入库作为交易节点；日交易必须有确认手续。

第二，阿米巴经营单元月交易节点。阿米巴单元间原材料、零配件及半成品的内部交易，以下道工序从仓库领取——“出库”，或上、下道工序直接交接作为交易节点，完成交易之前责任在上道工序。对外销售的产品以生产单元“入库”作为交易节点，产品入库后责任转移到销售部门。所有物料超出规定库存周期产生的财务费用，由责任经营单元承担。每次交易必须由双方共同签字，有明确的交接手续方能生效。

三、内部交易的实操

1. 如何建立内部交易

（1）确定内部交易的对象；

（2）确定内部交易的内容、类型、定价方法和定价；

（3）填入模拟的数据，要符合逻辑。

2. 内部交易关系表

不同部门内部交易关系表见表5－3～表5－5。

表5－3　业务部内部交易关系表

提供方	需求方	交易标的	交易类型	定价方法	计算过程	交易价格（元）
采购巴	销售巴	笔袋	购销	利润逆算法	客人目标价格6元－利润20%（1.2元）	4.8
设计巴	销售巴	设计稿	佣金	市场参照法	单款确认后300元/款	300×10
财务单证巴	销售巴	服务	服务交易	开价砍价法	每票200元	200

表5－4　采购部内部交易关系表

提供方	需求方	交易标的	交易类型	定价方法	计算过程	交易价格（元）	举例
采购	业务	产品	购销	成本推算法	外购成本＋工资成本＋管理成本2%＋利润5%	2.16	如三孔笔袋，购进成本2元，加人工工资成本1.3%，加管理成本2%，加利润5%

续表

提供方	需求方	交易标的	交易类型	定价方法	计算过程	交易价格（元）	举例
采购	业务	产品	购销	利润逆算法	目标价格－工资成本－管理成本2%－利润5%	1.84	如三孔笔袋，业务目标2元，减人工工资成本1.3%，减管理成本2%，减利润5%
工厂	采购	产品	购销	成本推算法、市场参照法	目标价格－工资成本－管理成本2%－利润5%	小于1.84	如三孔笔袋，业务目标2元或报业务价格为2元，减人工工资成本1.3%，减管理成本2%，减利润5%
开发	采购	设计服务	服务	市场参照法	参考市场价格设计单价×80%	160	假设市场做一个产品设计需要200元

表5－5　设计部内部交易关系表

提供方	需求方	交易标的	交易类型	定价方法	计算过程	交易价格（元）
设计部	业务部	产品单品设计（有明确需求）	购销	成本推算法	设计师月薪/25天/8h×设计时长	按照设计师类型
设计部	业务部	产品系列开发	服务	市场参照法	按市场价格的80%结算	16000

续表

提供方	需求方	交易标的	交易类型	定价方法	计算过程	交易价格（元）
设计部	业务部	产品系列开发	购销	成本推算法	方案设计费25% +初步设计费40% +主体协调费10% +制版图输出20% +样品核对5%	按照难易程度进行推算
设计部	业务部	产品宣传制作	服务	市场参照法	按市场价格的80%结算	800

第四节 引入竞争

在阿米巴之间实现了从交付到交易，表明企业经营已经有了非常大的进步，但如果进步是有限的，怎么办？此时，则要适当地引入竞争。

引入的竞争，主要有内部竞争和外部竞争。

一、内部竞争机制

（1）经常参考外部价格和服务的方式，并要求对方去超越。

（2）尽可能制造“两个以上的供应方和销售方”。

二、外部竞争机制

（1）你可以不买，我也可以不卖给你。

（2）逐渐开放对外销售，每年递增20%销售额。

（3）每个阿米巴不必完全依赖另一个阿米巴生存。

引入外部竞争的最终目标，就是让我们每一个阿米巴都能够不依赖另外一个阿米巴而生存。当然这是比较理想的状态，要真能做到，那么这个企业一定是很强大的。

阿米巴之间相互依赖，相互依靠，这是比较好的状态。

你不卖给我无所谓，我已经习惯采购别人的，你只不过是我的若干个供应商里面的一个。

有了竞争的制约，各阿米巴之间的交易就会保持一个良性的状态。

当然，阿米巴之间的交易需要科学统筹，要符合且能执行公司战略。如果搞成一盘散沙，那就不是阿米巴了。

重点提示

引入适当竞争，确保成本降低！

第五节　阿米巴内部交易体系构建

阿米巴经营会计是一套直接以促进经营提升为目的的会计系统，是阿米巴经营的落地工具。在“内部市场化”的运作环境下，研发、销售、生产、运输等各个部门都是盈利单位。如图 5－3 所示：

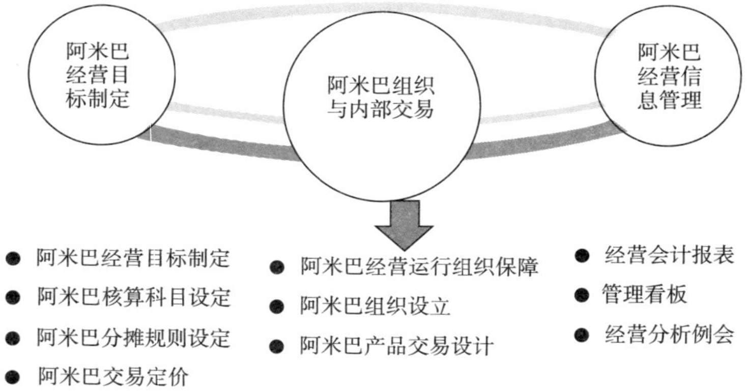

图 5－3　阿米巴内部交易体系

一、内部交易的基础与前提

阿米巴之间无法进行单独经营，只有和其他阿米巴结合起来，在更大的整体中互相支持，共存共荣，才能实现真正的阿米巴经营。各阿米巴之间的内部交易是以市场价格为基础的，每个节点的定价由双方通过“谈判”达成，从而被各阿米巴接受认可。

（1）阿米巴交易是以经营会计为基础的。

（2）阿米巴单元的任何决策都要与企业的经营理念、经营方针一致。

二、产品（服务）说明书

产品（服务）说明书为阿米巴交易的契约式文件，是为阿米巴单元提供的产品、功能、质量、定价的详细说明。产品说明书包括如下几部分，见表5－6：

表5－6　产品（服务）说明书

产品名称	供方	需方	规格与功能	价格及定价原则	服务承诺	使用规程	结算时点

三、交易的标的（产品）、规格与功能

用于阿米巴交换关系的标的通常为产品、服务、契约（合同）。

（1）以产品为标的交易：采用内部转移价格进行内部结算，建立类似于市场交易的买卖关系。常见的如产品生产过程中上下道工序（两个制造巴）的买卖关系、产品销售过程中（制造巴与销售巴）的买卖关系。该类交易通常伴随实物转移。

（2）以服务为标的交易：通过提供服务，以收取服务费作为收入度量的关系类型。多见于职能巴，如人事外包服务、信息设备维护服务。该类交易通常不发生实物转移。

（3）以契约为标的交易：为满足用户需求，交易双方签订契约，并以此契约条款的达成为交易的依据。常见于研发巴或职能巴，典型的交易如产品开发设计、定制化服务。例如，研发巴接受用户委托开展某种项目的研发设计。

四、价格与定价原则

“定价即经营”，阿米巴交易中关键的一环即如何定价。交易定价应遵循如下原则：

（1）实现共同目标的原则。整体考虑全局利益和阿米巴组织局部利益，并使之协调一致。将企业下达的各项指标，如质量、消耗、产量、人员和费用等全部纳入内部定价的衡量过程中，以便制定内部收购价时，按照各阿米巴的经营目标有效分解成本。

（2）双方自愿接受原则。阿米巴交易价格的制定过程，要让各阿米巴巴长和成员参与其中，详细、深入地说明内部价格制定的方法，促进员工对内部价格体系的认可和接纳。

（3）服务业务发展原则。阿米巴组织的业务活动，有直接面向市场的，有主要面向生产的，有只面向管理的。不同形态，阿米巴也有相应的分工。当一项结算关系涉及不同性质的部门时，一定要优先向市场倾斜，把支持业务发展放在第一位。

重点提示

阿米巴在制定内部交易价格时，需要充分考虑市场价格的波动，根据市场变化做出动态调整。

（4）公平合理原则。不能使某些阿米巴因内部交易价格规则上的缺陷而获得额外的收益，以致不能正确考评各阿米巴的业绩。

（5）科学性原则。内部定价必须在较大程度上反映产品和服务的实际劳动消耗水平，企业内部交易价格应对各阿米巴的成本费用开支状况进行预计和分析。

五、服务承诺

以内部定价和结算为契机，推动各阿米巴组织共同协商。根据业务发展的市场需求和阿米巴组织真正的服务能力，完善、明确阿米巴有偿服务质量标准。

六、结算时点

结算时点指阿米巴之间费用结算与产品交付的时间节点，通常包括预付、阶段收费、后付三种方式，也有可能出现周期总结算或返还。

第六节 阿米巴独立核算体系构建

阿米巴独立核算的三个关键内容：①收入的掌握方法——与市场价格挂钩；②经费开支的掌握方法——把握经营现状，精细化管理；③单位时间的掌握方法——与市场价格挂钩。

一、核算矩阵表构建

（1）两个原则：销售额最大化，费用最小化。

（2）单位时间核算表主要包括两个部分：项目（科目）和金额。项目（科目）主要包括销售额（外部销售和内部购销）、费用、时间、单位时间核算；金额主要用来表示目标与成果。

（3）规范核算管理的指标格式。在阿米巴经营中，收支指标和资料的格式很重要，在经营上需要的收支项目必须按照谁都能理解的格式表示出来。

二、收入核算标准构建

（1）对外收入与内部收入：对外收入按部门分收入项目进行会计核算，财务会计与管理会计同时处理账务，要求定期对账，账账要相符，统计定期在财务部门管理会计取数。内部收入按部门分内部结算项目进行会计核算，相对于提供服务、产品方做收入核算，相对于接受劳务、产品方做支付核算，即“内部交易支出”核算，由管理会计建立明细账，定期与统计对账，账账要相符。

（2）收入计量：所有收入活动必须通过正式表单反映，收入用“金额”表示，计量单位为“元”。收入确认涉及数量的，要在交易凭证上同时记载数量与金额。

三、费用核算标准构建

（1）费用责任与主体的对应：费用按照“谁受益、谁承担”的原则，企业所有费用按部门进行归集。按照费用性质分为阿米巴费用、部门费用和公司费用等；按费用消耗渠道分为支现费用、内部交易支出费用、分摊费用等。结果通过内部交易结算单反映出来。

非管控职能“能下放就下放，能剥离就剥离”。总部相关业务或业务支持职能，如采购供应、技术工艺、仓储管理等尽量“下放”到各经营型阿米巴，以保障各经营型阿米巴主营业务的高效开展、对外部市场的快速反应。有关服务职能/部门，如会计核算、人事事务、行政后勤、物流运输等，“剥离”出来以服务型阿米巴的形式来运作，以控制企业服务费用成本，抑制职能部门的官僚作风。同时，对各经营型阿米巴实行有偿服务、交易收费，达到通过共享服务实现资源的集中利用、成本的有效降低之目的。

评点

当集中的采购供应、生产制造等职能不对外经营时，亦可考虑将其定位为服务型阿米巴来运作。

（2）费用分摊：包括办公场地、人工费用、办公用品设施、事业部费用分摊、公司费用分摊……阿米巴经营的模式决定了间接部门作为一个成本中心而没有收益，因此间接部门所发生的公共经费应全部转嫁到直接部门。这时经费按照生产金额、出货金额、人数比例、使用面积、收益频率等公平地进行分摊。

四、时间核算表构建

阿米巴工时计算公式：总时间 = 正常工作时间 + 加班工作时间 + 部门公共时间 + 间接工作时间。

（1）正常工作时间：指阿米巴开展生产经营活动过程中，在规定作息时间内直接耗用在制造或服务对象上的有效劳动时间。

（2）加班工作时间：指阿米巴开展生产经营活动过程中，在规定作息时间外直接耗用在制造或服务对象上的有效劳动时间。

（3）部门公共时间：阿米巴开展生产经营活动过程中，没有直接耗用在制造或服务对象上的有效劳动时间，如会议时间、集体活动时间、待工时间、搬运时间等。

（4）间接工作时间：公司经营管理或其他职能部门的工作时间，按规定分摊给各阿米巴的工作时间。

五、明确阿米巴内部交易流程、关系

1. 梳理阿米巴内部交易流程

图 5－4 为某塑胶企业阿米巴内部交易流程的示意图。

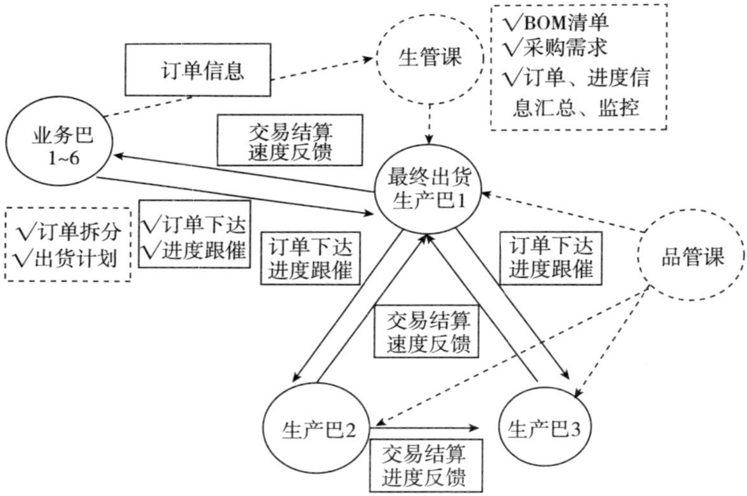

图 5－4　某塑胶企业阿米巴内部交易流程示意图

说明：有关生产巴作为“最终出货生产巴 1”（多个），接受业务巴 1～6 的市场订单（换言之，业务巴 1～6 将订单分拆，下达给相关最终出货生产巴），完成后与其进行交易结算；相应地，各生产巴下达内部生产订单给生产巴 2，完成后与其进行交易结算；然后生产巴 2 下达内部生产订单给生产巴 3，完成后与其进行交易结算（部分产品最终出货，生产巴亦会直接下达订单给生产巴 3）。

2. 梳理阿米巴内部交易关系

以某塑胶企业发泡巴为例，其经营收入与支出、内部客户与供方、相应的交易关系（不限于产品买卖交易关系）及收入与支出计算关系见表5－7：

表5－7 某塑胶企业发泡巴内部交易关系

经营收入	内部客户	交易关系	计算公式
鞋材、经济/耐用型抗疲劳垫/运动垫	市场1巴	产品买卖	Σ（数量×产品内容移拨价）
经济/耐用型抗疲劳垫/运动垫/瑞织垫	加工巴	产品买卖	Σ（数量×产品内容移拨价）
……			
经营支出	**内部供方**	**交易关系**	**计算公式**
原料购入	造粒巴	产品买卖	Σ（数量×产品内容移拨价）
新品开发	技术开发巴	契约委托	Σ（数量×委托契约价）
人事外包服务	人力资源部	服务提供	Σ（数量×服务单价）

第七节　内部交易协调管控机制

阿米巴经营需要进行制度化管理。阿米巴单元要根据市场情况不断调整自己，其诞生、分离、合并、撤销的行为较为频繁，因而，一套控制阿米巴单元内部交易的协调管控机制必不可少。

我们将通过一个案例来说明这个问题。

柏明顿所服务的一家制造型企业新成立的物流阿米巴被赋予三大定位、四个目标。

三大定位：一是在总部管理框架下，实施全收入全成本核算，赋予相应的责、权、利，提高物流阿米巴盈利能力和资源使用效率，使物流阿米巴成为利润中心；二是通过物流阿米巴平台，进行公司物流资源的集中管理，统一产品、服务标准和质量管理体系，提升专业管理能力和服务能力，使之成为专业管理中心；三是通过完善内部交易机制，提高物流板块对内、对外的市场化经营和管理水平，成为市场运作中心。

四个目标：提升资源配置的责任意识，提升效益，降低成本，改善效率；依据实际业务特点，统一服务标准和服务流程，推动专业化管理；建立内部交易机制，提高面向客户的市场化经营和服务意识；赋予责、权、利，激发内生动力，增强管理团队和员工队伍的活力。

目标确定以后，该企业立即确定内部交易原则和协调管控机制，明确了五项原则，确立了基于物流阿米巴的公司协调与管控机制，厘清了物流阿米巴与总部的8个职责界面，完善了6个运行相关的保障机制。通过科学的机制设计，有效推动和保障阿米巴经营的推行。

思考：阿米巴经营目标和定位已然清晰，接下来，如何更好地实现从“任务导向”向“经营导向”的管理模式转变？如何简政放权，责权利下放催生发展动力？如何积累经验、改进提升？

案例2

H公司成立于2009年，是一家从事马赛克销售的电商公司。经过5年的发展，公司已经在淘宝、天猫等平台上建立了四家相应的网店。在五年的发展中，公司一直在细分行业的电商中居于前茅，2009年曾经是淘宝平台上马赛克销售冠军。

公司CEO有着深厚的行业经验，有很强的经营和管理意识，并且不断想办法提升公司的管理和经营水平。

一、关键问题

1. 公司很多的岗位没有明确职责，工作流程不是很清晰，没有任何关于权限的制度和文件。

2. 公司财务只有1人，虽然统计了各部门的费用，但只是零星的数据，没有对财务数据进行相应的分析。

3. 公司员工非常年轻，平均年龄23～25岁。员工个性都很强，且不愿意受约束。

4. 老板年轻，是“80后”，很想把公司管理纳入正规化的轨道，但因为个人的管理和经营经验及学历等限制，有点力不从心。

5. 公司变化很快。人员的岗位变化快，产品变化快。

二、原因分析

1. 公司管理基础薄弱

也许是互联网电商公司的通病，在电商快速发展时，公司忙于寻找发展的机会，无暇顾及管理方面的工作，也没时间去做管理方面的事情。因而管理方面没有条理性，浪费了不少的人力和物力。

2. 公司规模不是很大

虽然在细分领域中做到了No.1，但年营业额只有1.2亿元，在管理方面没有投入任何人力和精力。

3. 公司无战略体系

发展过程中，老板忙于赚钱，对产品没有过多的研究，也没有对市场进行分析和规划。供应商管理全凭关系维系，因而质量问题层出不穷，退货率居高不下，公司利润因此减少。

4. 员工责任心不到位

公司多是“90 后”的员工，没有情感的维系，也没有激励的手段，造成员工各自为政，没有什么责任心，只看到自己手头的事情，不管其他部门或个人做什么和做得怎么样，当然也没有经营意识。

三、解决方案

1. 诊断调研

对包括总经理、店长和员工在内的 25 人进行了调研和访谈，充分了解公司的现状和历史，并根据阅读资料及收集信息的情况，将公司的问题挖掘出来。

2. 组建阿米巴项目组织及计划

成立阿米巴项目推进委员会，明确委员会成员及职责分工；制订阿米巴项目详细的推进计划和实施纲要，为后面的项目推进打好基础。

四、阿米巴组织划分

该公司是以网店的形式运作的。在阿米巴经营模式导入前，组织是以店铺为单位进行设计的。一个店铺包括了销售、运营、设计、推广、文案、客服等职能。并且，也设计了相应的岗位来承接这些职能。故在每个店铺中，有好几个下辖的单位，并且设计了不少的岗位。而每个店铺里的岗位可能都是同一类或同性质的，不可避免地造成了岗位的重复设置。

经过对组织的分析，将组织结构重新进行了设计，并且建立了各级阿米巴组织：

划分阿米巴组织。根据产品维度、职能维度划分了阿米巴组织。对阿米巴组织进行了资源划分，包括人员、场地（以前场地也有划分过，但全是按人头的，有很多不合理的地方，后来按占用面积比例公摊公共场地）、设备、办公用品等。

确定各巴巴长。因巴长人员不足，故有些单元暂时不考虑成巴，如采购和储运巴合并在一起。因公司规模较小，因而人资和财务也以巴的形式存在，做了相应的预算，以工作任务衡量其业绩，并在预算范围内开展工作。

五、阿米巴费用划分

该公司的费用划分并不复杂，原因是作为一个电商公司，费用科目并不多，发生额不大，而且不频繁。公司原来对每个店铺都进行了费用划分，导入阿米巴系统后，将原来不合理的规则进行修订即可。

六、阿米巴交易定价

统计2013年全年的历史数据。按现行巴组织统计2013年每个巴发生的费用以及每个巴全年销售的产品数量。

编制定价公式和交易规则：

单个产品成本价＝单个产品采购价＋单个产品加工价

单个产品加工价 = 单个产品总费用 ÷ 单个产品总销售额

单个产品总费用 = 巴 1 费用 + 巴 2 费用 + … + 巴 N 费用

单个产品在各巴费用：巴 N 费用 = 巴 N 内总费用 ÷ 巴 N 内总产品

最后制定出每个巴的交易价格与交易规则。

七、阿米巴运营实施

从试运行一个月的情况来看，能独立核算，但有些价格和费用分摊还需要进一步细化数据。阿米巴的激励部分与业绩指标挂钩，进行直接物质激励。

阿米巴经营会计
AMOEBA

第六章

阿米巴目标预算

企业应建立年度的经营目标。建立年度经营目标以后，才能建立年度费用预算。

年度经营目标，是指公司在对外部环境和内部状况进行分析的基础上，根据公司发展战略和使命，明确各项经营性活动的方向及具体的目标。经营目标有经济性目标（如销售额、利润等）和非经济性目标（如管理目标等）。

经营目标也是衡量一个公司经营好坏的重要标志，反映的是公司的战略及价值观取向。

本章目标

1. 了解：根据战略制定经营目标。
2. 理解：经营目标如何实现落地。
3. 掌握：年度经营目标分解。
4. 掌握：制定年度经营目标预算。
5. 掌握：建立年度经营目标。
6. 掌握：阿米巴费用预算表。
7. 操作：设计阿米巴目标、费用预算表。

形成成果

1. 公司年度目标与分解。
2. 阿米巴年度预算分解表。

第一节　战略目标分解成年度经营指标

提示

本节内容主要讲如何将战略目标分解成年度经营指标。只有将战略目标分解，阿米巴成员才知道如何去努力和实施。

企业战略目标是否能够达成，取决于集团公司及阿米巴组织成员是否清晰理解了企业的战略目标，清楚自己应该为实现战略目标做什么，并努力去实施。这就需要我们将企业战略目标正确地分解成年度经营目标。

再伟大的战略目标若不经过层层分解，就永远只是个虚无的战略。公司分解战略目标，一定要本着“着眼于全局，着手于局部”的原则，把战略目标分解得有论有据，而且从企业高管到普通员工都心服口服。

一、确定企业战略目标

第一步　对企业现状进行分析

最常见的是进行 SWOT 分析。所谓 SWOT 分析就是分析企业的优势（S）、劣势（W）、机会（O）、威胁（T），以及竞争对手的长处和短处，机会在什么地方，市场状况，等等。如图6－1所示：

优势（S）： 1. 2. 3. 利用优势和机遇的组合	机会（O）： 1. 2. 3. 改进优势和机遇的组合
劣势（W）： 1. 2. 3. 消除优势和危机的组合	威胁（T）： 1. 2. 3. 监视优势和威胁的组合

图6－1　企业现状分析

优势是阿米巴单元的内部因素，具体包括有利的竞争态势、充足的财政来源、良好的企业形象、技术力量、规模经济、产品质量、市场份额、成本优势、广告攻势等。

劣势也是阿米巴单元的内部因素，具体包括设备老化、管理混乱、缺少关键技术、研究开发落后、资金短缺、经营不善、产品积压、竞争力差等。

机会是阿米巴单元的外部因素，具体包括新产品、新市场、新需求，外国市场壁垒解除，竞争对手失误等。

威胁也是阿米巴单元的外部因素，具体包括新的竞争对手、替代产品增多、市场紧缩、行业政策变化、经济衰退、客户偏好改变、突发事件等。

思考：你的公司战略目标是什么？

第二步 梳理企业变革思路

基于分析的结果给出一个判断，主要是考虑在这样一个分析结果下，在未来的三年、五年（根据企业制定战略规划的周期长短），企业可以对内部做哪些变革，再分析一下企业可以对外部做哪些变革。将内部和外部变革所能导致的结果与不变革的结果进行比较，寻找变化和差别。然后思考这些变化和差别是不是能使企业满意，使企业获得或保持竞争优势。

经营计划制订的逻辑主线，如图6－2、图6－3所示。

思考：如何确定你的公司变革思路？

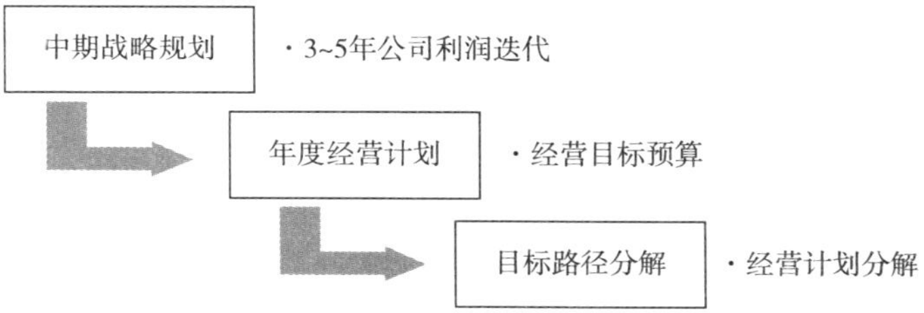

图6－2 制订经营计划（一）

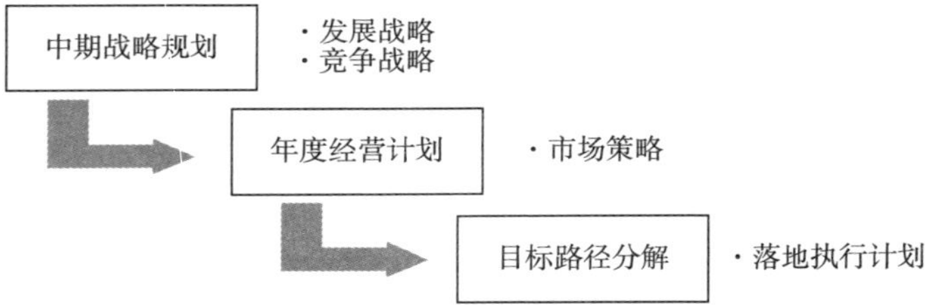

图 6－3　制订经营计划（二）

第三步　梳理变革的幅度

思考过后，再来决定是不是要变革，怎么变革，并确定变革的目标、策略、方案、路径。这些变革既包含业务层面的，又包含内部运营管理层面的。

重点提示

任何一个企业都是先有企业战略，后有子公司战略的。企业整体战略是上层建筑，各阿米巴单元子战略只是企业战略的分解者。

二、从战略目标到经营指标

从战略目标到经营指标，是从战略到运营形成管理闭环的一个核心环节，它是战略发挥导向与牵引作用的前提和基础。一个企业在制定战略目标时最重要的参考是企业在市场上的相对地位，它常常反映了企业的竞争地位。企业所预期达到的市场目标应该是最优的市场份额，而如何驱动阿米巴组织中的每一个人去实现这一目标，就需要通过经营绩效考核指标来传递。

经营业绩指标必须与企业战略目标相一致。在经营考核指标的拟定过程中，首先应将企业的战略目标层层传递和分解（如图6－4所示）。这个分解既有纵向的分解，也有横向的分解，还需要有时间维度的分解。它既是战略目标的分解，也是经营考核指标的分解，最终会成为各个岗位的关键绩效指标（KPI），从而使阿米巴组织中的每个职位被赋予对应的战略责任，每个阿米巴员工承担起各自的岗位职责。

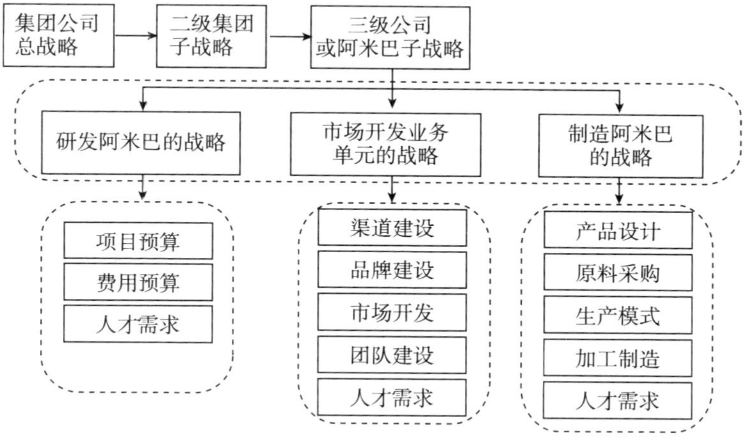

图6－4　企业战略目标层层传递和分解

评点

经营考核是战略目标实施的有效驱动工具，经营考核指标应围绕战略目标逐层分解，而不应与战略目标的实施脱节。只有阿米巴员工努力的方向与组织战略目标一致时，企业整体的经营业绩和指标才可能促使战略目标达成。

三、阿米巴单元战略目标与经营考核指标的关联度

阿米巴单元运作的核心在于，内部市场链的建立与经营考核指标紧密挂钩。但各阿米巴单元自身发展具有不平衡性，在公司战略中所处地位各异，并由此导致它们不同的绩效表现形式。

阿米巴单元子战略目标是企业年度经营业绩考核指标的主要来源。阿米巴单元子战略目标通过年度的纵向分解，形成了各业务单元（阿米巴单元）的年度经营目标，以此构成各阿米巴单元负责人《年度经营绩效合同》。可见，企业战略目标分解到各阿米巴单元，便形成各阿米巴单元子战略目标，阿米巴单元子战略目标沿时间维度的分解便构成了企业年度经营业绩考核指标。

思考：为什么经营考核是战略目标实施的有效驱动工具？

四、经营目标如何实现

面对越来越激烈的企业竞争，企业领导者更多关注如何开源节流，提高自身竞争力，更有效利用现有的资源拓展市场，降低管理和运营成本，以达到提高经济效益的目的。

我们从战略维度思考阿米巴单元的开源和成本优化，从图6－5可获得直观的认知：

开源	新业务、产品、新客户、新模式、应用客户群、订单份额、利润贡献优选
成本优化	料、工、费细分项的控制方法、投入产出比、库存控制

图6－5　阿米巴单元的开源和成本优化

“开源”就是增收——开辟增加阿米巴收入的途径；“成本优化”就是节支——节省不必要的资源消耗与费用支出。阿米巴单元通过严格控制生产成本和间接费用，使企业的产品总成本降到最低水平。例如，简化产品、改进设计、节约原材料、实行生产革新和自动化、降低管理费用等。

企业需要从发展战略和竞争战略的层面考虑如何开源，通过制定发展战略增强企业竞争力，从业务流程上保证企业能以最小的成本、高质量的产品和优质的服务赢得客户。在竞争战略

思考：你的公司，如何将经营目标落地？

上，通过品类利润、产业集群、优选客户池、商业模式创新等，提升企业和阿米巴单元的盈利能力和竞争力。如图 6 –6 所示：

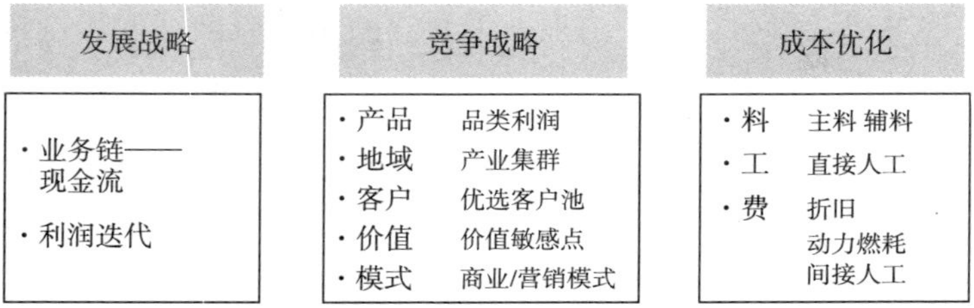

图 6 –6 经营目标如何落地

第二节　如何制定年度经营目标

提示

本节内容重点是年度经营目标分解，一般可按相应的维度进行，如按区域维度、按时间维度、按产品维度、按客户维度等，这是目标进一步细化的过程。可实践操作。

年度经营目标，是从企业的长期战略目标出发，在分析企业外部环境和内部条件的基础上制定的公司下一年度各种经营活动所要取得的结果。年度经营目标是企业经营思想的具体化。

企业年度经营目标是企业发展战略的具体体现。许多企业在谈到年度经营目标时，只是想到销售额要达到多少、利润要达到多少。在我们的企业年度经营目标里，不仅仅包括产品发展目标、市场竞争目标，还包括社会贡献目标、职工待遇福利目标、员工素质能力发展目标等。

自检

你公司的年度经营目标分解，一般按哪几个维度进行?

企业制定年度经营目标，主要有如下步骤和方法：

第一步　进行战略梳理、战略分析及战略规划

年度经营目标既是战略规划中的里程碑，又是经营绩效的一个考核指标。因此，年度经营目标的设定既要考虑战略方向，又要考虑现实的可行性和具体性。明确行业未来发展趋势、竞争对手动态，以确定3～5年战略目标规划，在此基础上再制定年度经营目标。如图6－7、图6－8所示：

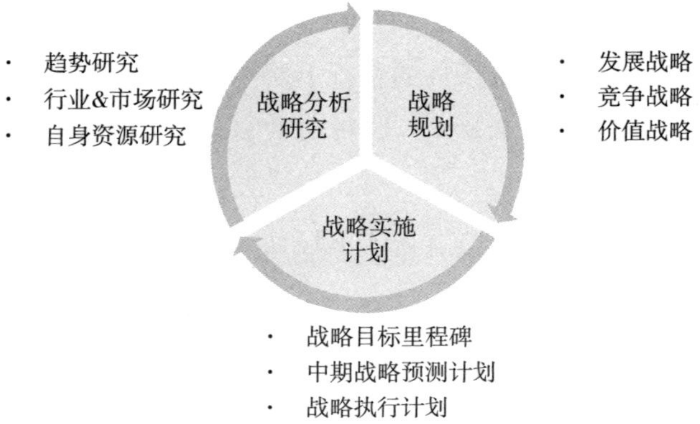

图6－7　战略分析及战略规划

图6－8　行业分析

案例3

某公司是一家精密塑料制造企业，为应对激烈的市场竞争，该公司重新梳理和规划了业务战略：大力发展工程塑料业务，充分关注模具与注塑业务，稳定高端风叶业务，并择机进入二线、三线空调厂商。有关竞争维度的战略思考见表6－1：

表6－1　有关竞争维度的战略思考

	风叶业务	工程塑料业务	模具及注塑业务
何处竞争	向二线、三线空调厂商的扩张	向外地风叶分公司扩张	逐渐以注塑业务带动模具发展，并朝着精密模具方向发展

续表

	风叶业务	工程塑料业务	模具及注塑业务
如何竞争	进一步巩固高端品牌定位，加强关键技术能力，重点提升生产效率和成本控制能力	加强研发和工艺设计能力，提升产品质量和成本控制能力	加强业务开拓能力和精密模具设计制造能力
何时竞争	适时进入二线、三线空调厂商。首先稳定高端市场份额（近期核心业务），在保证工程塑料和注塑业务资金投入的基础上，选择时机开拓二线、三线空调厂商——先针对二线、三线空调厂商打入部分高端产品，保持风叶的高品质	优先发展工程塑料业务：此业务的发展能够带来较高的价值创造和业务协同效应——能够为风叶和注塑业务的发展提供支持，且经过多年的积累，目前在技术研发和产能上已具备一定的基础，因此，应优先、快速发展工程塑料业务，在人力和财力上做大量投资	充分关注注塑业务：模具业务的进一步发展需要较大的资金投入，且为公司带来的直接经济价值不大。而注塑业务发展好的话可带来较高的价值，由于模具和注塑是联动的业务，因此，应对二者进行充分关注，加大注塑件业务开拓的力度，通过注塑件带动模具发展

说明：此企业（当时）主要有风叶、模具与注塑、工程塑料等三大块关联业务。其中，风叶业务贡献了85%以上的销售额，占据绝对优势地位。

操作

进行战略梳理。

第二步　制定阶段性的重点经营目标

结合行业环境、竞争对手和自身产品的市场处境进行综合评估，选取最关键因素，回到企业本身进行 SWOT 分析，制定重点经营目标。比如各年度预计销售增长率、股东回报率、品牌提升的目标、产品研发的目标等。

操作

制定经营目标。

第三步　确定公司总的目标

包括经营性目标：公司销售目标、利润目标、客户开发数量、区域市场份额等；非经营性目标：员工发展目标、团队建设目标、组织管理提升目标、社会责任目标等。

操作

确定公司总目标。

第四步　对公司目标进行相应分解

按时间进行分解，即把一周期内的经营目标分解到每个小周期内（如每月、每周，甚至每天）。

按组织分解，即把总的经营目标分解到不同的组织或个人（如每一个区域、每一个团队、每一个人等），如企业根据市场竞争与内部资源，下达企业年度目标，各个一级阿米巴提出年度目标。

年度经营目标分解，一般可按相应的维度进行，如按区域维度、按时间维度、按产品维度、按客户维度等，这是目标进一步细化的过程。见表6－2：

表6－2　年度经营目标分解

年度经营目标分解				
按月度分解				
按区域分解				
按客户分解				
按产品分解				
按品牌分解				
按工段分解				
按车间分解				
按业务员分解				

成果8　公司（巴）年度目标与分解

产品	1月	2月	3月	4月	5月	6月	7月	8月	9月	10月	11月	12月	合计	负责人
产品A														
产品B														
产品C														
产品D														
产品E														
产品F														
总计														

第五步　确定目标责任人

任何一个经营性目标都必须有相应的人对目标负责，这也是经营性目标达成的必要保证。

> **操作**
>
> 确定目标责任人。

第六步　确定目标达成日期

目标达成日期是经营性目标达成的截止点。有了时间上的明确要求，经营性目标便可以落实到具体的事项和时间中。

> **操作**
>
> 确定目标达成日期。

第七步　目标达成需要的资源支持

目标的达成需要人、财、物的充分保障，有相应的资源配置和支持，才能有效地达成经营性目标。

> **操作**
>
> 确定资源配置与支持。

第八步　经营性目标达成的激励

有效的激励手段能很好地促进目标的达成及目标效果的

彰显。对负责目标的团队或个人，需要在目标明确后，配套相应的激励机制（精神激励和物质激励）。

操作

制定所需要的激励措施。

第三节　阿米巴年度预算的编制

提示

阿米巴费用预算表十分重要，年度预算是阿米巴单元的重点工作。合理确定年度经营任务，将对阿米巴起到正向激励作用。本节需要掌握相关流程和工具。

一、如何制作阿米巴费用预算

阿米巴费用预算，我们通过表 6－3 来说明。

表 6－3　阿米巴费用预算

1. 主营业务收入					
	减：主营业务成本	材料成本			
		直接人工			
		制造费用	间接人工		
			折旧费用		
			动力费用		
			其他制造费用		
	减：主营业务税金及附加				
2. 主营业务利润					

续表

3. 内部交易利润+其他业务利润+营业外收入			
4. 未分摊总部费用前利润			
	减：总部费用分摊		
5. 利润总额			
	减：所得税		
6. 净利润			

在表6-3中，费用预算分为六项：主营业务收入、主营业务利润、其他利润、未分摊总部费用前利润、利润总额、净利润。

在“主营业务收入”项目里，一级菜单有主营业务成本；二级菜单有材料成本、直接人工、制造费用。

制造费用又转化为三级科目。三级科目有间接人工、折旧费用、动力费用、其他制造费用。

我们做费用预算，通过财务对科目进行明细划分后，才能做得更准确。

操作

制作××巴费用预算表（选一个重要的部门进行演练）。

二、年度预算编制演练

阿米巴年度预算，是指结合阿米巴单元的经营目标，通过环境分析与现况盘点，制订年度工作重点和年度计划。年度预算建立在业务计划和目标的基础上，业务计划和目标在分解后形成阿米巴单元的重点工作。

阿米巴年度预算目标各指标应当具有挑战性，并且必须保证企业及各阿米巴单元经过努力可以实现。如果预算目标遥不可及，就会失去目标的激励作用。因此，预算目标设定要以战略目标为依据，同时结合年度经营计划进程，合理确定年度经营任务，将企业发展战略和各阿米巴单位实际情况融入预算管理体系，并构成预算考评体系的标准之一。

阿米巴年度预算的总体步骤如图6－9所示。

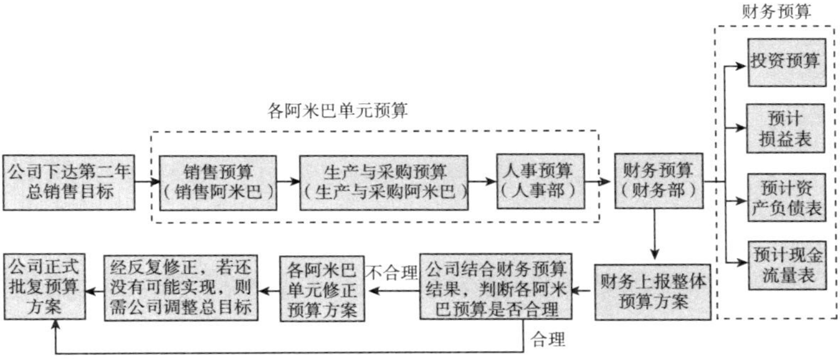

图6－9　阿米巴年度预算的总体步骤

自检

在工作中，您是否遇到过以下问题：

预算在企业的经营活动中有着怎样的重要性？

怎样把企业的经营目标转化成执行者操作的依据？

怎样才能准确地编制预算？

如何编制阿米巴的预算才能避免成本超支？

（一）阿米巴的年度预算编制的目的

阿米巴组织通过预算，可以细化和量化战略目标，更好地规划未来；通过预算的过程控制以及预算执行分析，寻找实际经营活动与预算的差距，可以迅速地发现问题并及时采取相应的措施；通过预算过程，使阿米巴管理层必须认真考虑完成经营目标所需的方法和途径，并对市场可能出现的变化做好准备，促进公司各类资源的有效配置；通过预算过程，使阿米巴组织成员具有利润意识及成本意识，培养其充分利用资源的态度。

（二）阿米巴年度预算的内容

阿米巴年度预算一般包括两大部分：战略落地和年度经营计划。我们辅导的大多数企业都忽视了战略的落地，有些企业根本没有形成正式的战略规划；年度预算方面也只是做了年度的财务数据预算，没有将重大项目落实到行动计划，不利于将资金预算得精准，不利于上下同心，不利于保障目标的实现。

将年度预算做到位必须有行动计划，行动计划是按以下路径形成的：

1. 战略规划—目标体系—OGSM—行动计划

战略目标体系包括财务目标、客户目标、内部流程目标、学习成长目标。年度预算由战略规划而来，根据战略规划形成的策略按OGSM（计划与执行管理工具）进行分解，产生行动计划和费用预算。

2. 年度计划—改善项目—行动计划

年度经营计划是由第二年想“赚多少钱”（利润）而来。由此推算出销售额，再进行销量和价格的匹配，从而形成生产计划、投资计划、改进项目计划。

在做战略目标和年度经营计划前，需要做以下回顾：公司的优势S/劣势W/机会O/风险T，公司的定位/客户/产品/模式，公司的目标/组织。

（三）重点工作的提炼为费用预算作准备

支撑业务目标达成的最基本层，一般来说，有三种类型的重点工作：第一类是战略型重点工作。此类工作根据公司的战略形成，是公司发展必不可少和各阿米巴单元重点达成的工作。第二类工作是改善类工作。此类工作是在过往经营管理中未完成好或未达成，需要进一步提升的工作，此类工作的设计有助于业绩的增长和效率的提高。第三类是日常性工作。此类工作一般是惯例性的。重点工作的提炼为费用预算作准备，每项重点工作花费的汇总就是预算。在此过程中，要注意费用科目的设计。

三、阿米巴年度预算的操作

最终的行动计划（最好到月）应包括：

（1）客户需求提升计划及举措；

（2）市场营销计划及举措；

（3）新产品开发计划及举措；

（4）生产计划及举措；

（5）质量提升计划及举措；

（6）资产采购计划及举措；

（7）人力资源计划及举措；

（8）团队提升计划及举措。

具体到阿米巴组织时，每个巴都有以上行动计划，只是各自的侧重点不同。

最终预算的经营数据体系应包括：

（1）预计利润表→阿米巴的经营会计报表；

（2）预计现金流量表（由财务编制）→阿米巴年度资金预算表；

（3）预计资产负债表→阿米巴资产负债表（视阿米巴层级而定）；

（4）投资预算→阿米巴投资项目预算表；

（5）筹资预算。

通过以上预算的编制，每个阿米巴巴长都能全面了解和掌握本巴情况，为真正成为一个经营者打下牢固的基础。

经营预测的步骤分解，我们从图 6－10 可获得直观的认知。

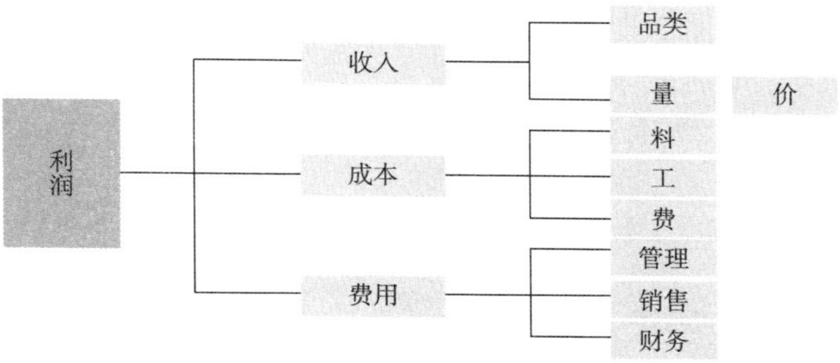

图 6－10　经营预测的步骤分解

成果9　阿米巴年度预算分解表

巴名：　　　　　　年度：

类别	项目	预算金额	结构占比（占收入）	上一年数据	变动比（相比上一年的增减幅）	演算逻辑或步骤
收入	销售收入					
目标收益	收益					
成本预算	采购成本					
	开发费用					
	人员成本					
运营费用	运营管理杂费					
	水电网络通信费					
	房租					
	营销费					

续表

类别	项目	预算金额	结构占比（占收入）	上一年数据	变动比（相比上一年的增减幅）	演算逻辑或步骤
运营费用	平台（线上、线下）					
	培训费					
	固定费用（房屋分摊、折旧）					
新兴业态培育	新型电商平台					
	新兴产品					
资金占用成本	应收账款利息					
	库存资金占用成本					
	滞销品跌价成本					

第四节　如何确保实现年度经营目标

提示

明确年度经营目标之后，阿米巴单元就要承担起实现年度经营目标的责任。本节内容不要求系统掌握，公司有需要的话，可以进行具体操作。

年度经营目标的确定必须符合市场客观需求，以市场预测为基础，包括产品市场、劳务市场和资本市场。并且以市场为基础，考虑行业权益利润率平均水平，在充分挖潜的前提下确定预算目标。

明确年度经营目标之后，阿米巴单元就要承担起实现年度经营目标的责任。

第一，明确实现经营目标的条件，论证其可行性。具体做法是指导各阿米巴单元制订年度计划，明确实施策略，特别是所需公司资源和其他部门的协助，经过整合预测。通过阿米巴单元的参与和承诺，制定企业的年度经营目标就有了坚实基础。

第二，有效的经营目标最好按照“自下而上”和“自上而下”相结合的原则制定。“自下而上”即由各阿米巴单元根据历史数据分析（业务变化和增长规律）和新的增长点（产品、客户、区域等）形成每个单元的业务目标；“自上而下”即由公司根据战略发展需要，制定公司宏观的目标。“自下而上”和“自上而下”相结合的过程，也就是公司和各阿米巴单元协商沟通的过程。这样得出来的目标既符合公司的战略发展，也符合员工的意愿和能力范围，可行性非常强。

第三，确定年度经营目标之后，就要讨论各个阿米巴单元的年度经营计划，包括资产负债表、损益表、现金流量表、工资预算、费用预算（以上分解到月或产品、地区）、组织架构、人员编制等。通过制订年度计划，按月或日进行核算管理。企业在联欢会上表扬大家，分享完成目标的喜悦，反复开展后，创造出完成年度经营计划的巨大能量。

图 6－11 是年度经营计划制订步骤：

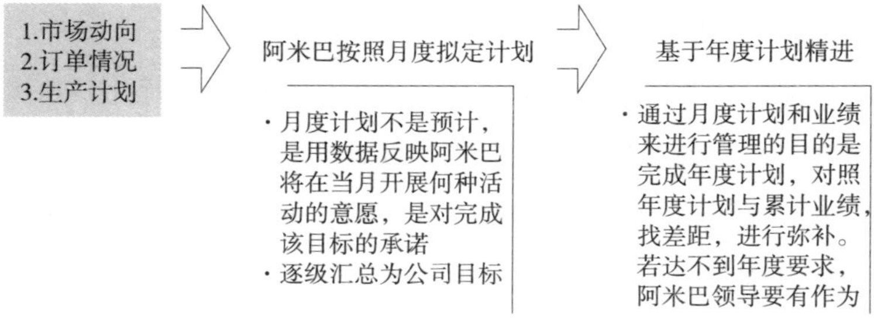

图 6－11　年度经营计划制订步骤

第四，阿米巴的业绩管理。在开展阿米巴经营的过程中，需要有能够准确掌握实际业务数据的统一管理机制和方法。如图6－12、图6－13、图6－14所示：

1 — 基于部门职能的活动结果，准确地反映在核算表中

对于所有业绩数据必须有明确统计的规则和机制，以分清阿米巴的哪项业务发生了多少费用，应该发生多少费用

2 — 公平、公正及简约的管理

缺乏公平、公正，阿米巴经营就无法贯彻；同时，内部规则必须简约

3 — 用“业绩”和“余额”掌握业务流程

阿米巴经营把业绩数据与余额作为经营数据，统一进行管理

4 — 阿米巴经营核算的原动力——年度经营计划

年度经营计划是基于公司整体方针和各事业部方针与目标，经反复周密模拟后制订，充分显示领导“希望在这一年中展开何种经营”的态度

图6－12　阿米巴的业绩管理

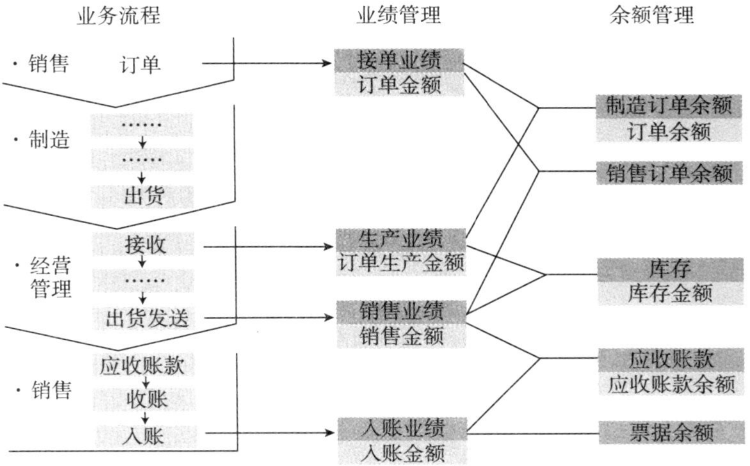

图6－13　阿米巴的业绩管理机制

掌控阿米巴核算的机制——掌控收入、经费开支、时间的方法

收入的掌控方法 ——与市场价格挂钩	经费开支的掌控方法 ——把握经营现状，进行精细化管理	时间的掌控方法 ——关注部门总时间
·“售价-成本=利润” ·生产方式 订单生产方式 库存销售方式 公司内部购销 ·实践产销一体化的经营模式	·在采购时计入经费 ·由收益者来负担与生产活动和销售活动直接相关的费用，以及间接部门的公共经费 ·领导掌握单位时间人员的平均劳务费 ·细化经费——领导必须准确掌握经费状况	·总时间——员工一个月的正常工作时间，加班时间，部门公共时间，间接公共时间 ·每天必须先把前一天的业绩和月初以来的累计业绩反馈给每一位员工，以使其掌握总时间 ·临时工的聘用，必须书面上报审批

图6－14　阿米巴的业绩管理方法

操作

制订年度经营计划。

年度经营计划及预算管理流程见表6－4。

表6－4　年度经营计划及预算管理流程表

编号	操作步骤	操作说明	时间节点	实用工具
1	提出经营目标	年度经营计划在正常的情况下，应依据实业的战略规划进行编制，年度目标应从3～5年战略规划的目标分解而来		《年度经营目标》

续表

编号	操作步骤	操作说明	时间节点	实用工具
2	年度规划	根据已确定的战略规划进行年度经营目标规划，结合前年度与上年度经营实际状况，在预测本年度计划的各种可能情况下，进行公司年度发展规划		《年度经营规划》
3	目标分解	根据战略规划和年度经营规划拟定《阿米巴战略目标实施表》，将下年度公司经营目标细化分解，制定相应指导性措施，将战略指标责任落实到各阿米巴，将草案下发到各阿米巴征求意见		《年度经营计划编制说明书》
4	经营计划制订	各阿米巴单元依据年度经营计划指导书相关要求制订各自的经营计划送总经办		
5	经营计划汇总编制	集团公司适时与各阿米巴协调联系，综合评估各分项计划，并视需要开会研讨，编成本年度经营计划。年度经营计划和预算草案完成后，报总经理和管理委员会审查		《年度经营计划纲要》
6	讨论、审核	集团总部组织召开年度经营计划讨论会，集团负责人、各阿米巴负责人列席会议，各阿米巴对计划的全面性、可行性提出异议，对经营计划进行进一步修订与核定		《年度经营计划》
7	阿米巴工作计划	集团总部及时将公司年度经营计划整理、打印、下发，人力资源部门根据各部门年度经营计划制定季度考核标准，报分管副总及总经办备案。阿米巴委员会负责监督经营计划执行		《阿米巴年度经营计划表》

续表

编号	操作步骤	操作说明	时间节点	实用工具
8	经营监控	(1) 总经办每月对公司年度经营计划完成情况进行稽核落实，报总经理进行日常管理决策。 (2) 人力资源部进行考核和绩效分析。 (3) 总经理每季度对年度经营计划进行一次检讨、诊断，由各阿米巴将目标的完成情况、存在问题、改进措施等，写出工作小结报总经办。总经办进行综合分析，形成诊断报告，报总经理审批，对部分目标进行调整		

操作

××巴年度经营目标管控（选一个重要的部门进行演练）。

第五节 实践操作

一、生产阿米巴费用预算表（见表6－5）

表6－5 工厂一级阿米巴费用预算表

日期： 单位：元

序	项目	科目明细	预算金额	备注
1	分摊费用	总办费—董事会费		
2		总办费—办公费		
3		总办费—差旅费		
4		总办费—咨询费		
5		总办费—招待费		
6		总办费—评估费		
7		总办费—审计费		
8		总办费—教育经费		
9		累计摊销		
10		办公费		
11		水电费		
12		固定资产折旧		
13		租赁费		
14		差旅费		
15		业务招待费		
16		汽车费用		
17		教育经费		
18		印花税		
19		房产税		
20		土地使用税		
21		河道费		
22		其他		
23		安保服务费		

续表

序	项目	科目明细	预算金额	备注
1	本巴费用	原材料		
2		水费		
3		电费		
4		燃料		
5		取暖费		
6		生产用物料		
7		修理维护费		
8		制版费		
9		劳保用品		
10		保洁用品		
11		仓储运杂费		
12		办公费		
13		差旅费		
14		产品检验费		
15		汽车费用		
16		改造支出		
17		环保费用		
18		其他收入		
19		资产减值损失		
20		其他		
21		固定资产利息		
22		库存利息		
23		低值易耗品摊销		
24		折旧费		
25		租赁费		
合计				

二、营销阿米巴费用预算表

1. 一级阿米巴费用预算表（见表6－6）

表6－6 一级阿米巴费用预算表

日期： 单位：元

序	项目	科目明细	预算金额	备注
1	分摊费用	总办费—董事会费		
2		总办费—办公费		
3		总办费—差旅费		
4		总办费—咨询费		
5		总办费—招待费		
6		总办费—审计费		
7		办公费		
8		水电费		
9		固定资产折旧		
10		租赁费		
11		差旅费		
12		业务招待费		
13		汽车费用		
14		教育经费		
15		印花税		
16		土地使用税		
1	本巴费用	门店费		
2		宣传制作费		
3		广告费		
4		固定资产		
5		低值易耗品		
6		水电费		
7		房租		
8		网费		
9		电话费		
10		基础维修费		
11		差旅费		
12		汽车费用		
合计				

2. 二级阿米巴费用预算表（见表6－7）

表6－7　二级阿米巴费用预算表

日期：　　　　　　　　　　　　　　　　　　　　　　单位：元

序	项目	科目明细	7月预算金额	备注
1	间接费用（分摊费用）	总办费—董事会费		
2		总办费—办公费		
3		总办费—差旅费		
4		总办费—咨询费		
5		总办费—招待费		
6		总办费—审计费		
7		累计摊销		
8		办公费		
9		水电费		
10		固定资产折旧		
11		租赁费		
12		差旅费		
13		业务招待费		
14		汽车费用		
15		教育经费		
16		印花税		
17		土地使用税		
1	直接费用（本巴费用）	产品配送费（车辆运费）		
2		门店费（促销品费用）		
3		宣传制作费（宣传品费用）		
4		门店费（特殊陈列投入费用）		
5		门店费（合同内费用）		
合计				

3. 三级阿米巴费用预算表（见表6-8）

表6-8 三级阿米巴费用预算表

日期： 单位：元

序	项目	科目明细	7月预算金额	备注
1	间接费用（分摊费用）	总办费—董事会费		
2		总办费—办公费		
3		总办费—差旅费		
4		总办费—咨询费		
5		总办费—招待费		
6		总办费—评估费		
7		总办费—审计费		
8		总办费—教育经费		
9		累计摊销		
10		办公费		
11		水电费		
12		固定资产折旧		
13		租赁费		
14		差旅费		
15		业务招待费		
16		汽车费用		
17		教育经费		
18		印花税		
19		房产税		
20		土地使用税		
1	直接费用（分摊费用）	产品配送费（车辆运费）		
2		门店费（促销品费用）		
3		宣传制作费（宣传品费用）		
4		门店费（特殊陈列投入费用）		
5		门店费（合同内费用）		
合计				

三、阿米巴年度收入与分解

1. 生产巴年度收入与分解（见表6－9）

表6－9　生产巴年度收入与分解

序	业务项目	业务目标	完成时间	年度目标分解												责任人	需要资源	备注
				1月	2月	3月	4月	5月	6月	7月	8月	9月	10月	11月	12月			
1	产值																销售部	
2	产能																原料、巴成员、基础设备设施	
3	总办费—董事会费																财务部	
4	总办费—办公费																财务部	
5	总办费—差旅费																财务部	
6	总办费—咨询费																财务部	
7	总办费—招待费																财务部	
8	总办费—评估费																财务部	
9	总办费—审计费																财务部	
10	总办费—教育经费																财务部	
11	累计摊销																财务部	
12	办公费																财务部	

续表

序	业务项目	业务目标	完成时间	年度目标分解												责任人	需要资源	备注
				1月	2月	3月	4月	5月	6月	7月	8月	9月	10月	11月	12月			
13	水电费																财务部	
14	固定资产折旧																财务部、设备工程部	
15	租赁费																财务部	
16	差旅费																财务部	
17	业务招待费																财务部	
18	汽车费用																财务部	
19	教育经费																财务部	
20	印花税																财务部	
21	房产税																财务部	
22	土地使用税																财务部	
23	河道费																财务部	
24	其他																财务部	
25	安保服务费																人力资源部、财务部	
26	原材料																采购部	
27	水费																财务部	
28	电费																财务部	
29	燃料																财务部	
30	取暖费																财务部	
31	生产用物料																财务部	
32	修理维护费																汽车、财务部	
33	制版费																设备工程部、财务部	

续表

序	业务项目	业务目标	完成时间	年度目标分解												责任人	需要资源	备注
				1月	2月	3月	4月	5月	6月	7月	8月	9月	10月	11月	12月			
34	劳保用品																设备工程部、财务部	
35	保洁用品																采购部	
36	仓储运杂费																财务部	
37	办公费																财务部	
38	差旅费																财务部	
39	产品检验费																财务部	
40	汽车费用																财务部	
41	改造支出																财务部、设备工程部	
42	环保费用																财务部、设备工程部	
43	其他收入																财务部	
44	资产减值损失																财务部	
45	其他																财务部	
46	固定资产利息																财务部	
47	库存利息																财务部	
48	低值易耗品摊销																财务部	
49	折旧费																财务部、设备工程部	
50	租赁费																财务部	

续表

序	业务项目	业务目标	完成时间	年度目标分解												责任人	需要资源	备注
				1月	2月	3月	4月	5月	6月	7月	8月	9月	10月	11月	12月			
51	人力成本																人力资源部、财务部	
合计																		

2. 营销阿米巴年度收入与分解（见表6－10）

表6－10　营销阿米巴年度收入与分解

序	二级科目	科目编码	业务项目	业务目标	完成时间	年度目标分解												责任人	需要资源	备注
						1月	2月	3月	4月	5月	6月	7月	8月	9月	10月	11月	12月			
1			业绩成长																	
2	工资		工资																	
3	产品配送费		物流费用																	
4	门店费		门店费																	
5	宣传制作费		宣传制作费																	
6	广告费		广告费																	
7	固定资产折旧		固定资产																	
8	低值易耗品摊销		低值易耗品																	
9	水电费		水电费																	
10	房租费		房租																	
11	办公费		网费																	
12	办公费		电话费																	
13	办公费		基础维修费																	

续表

序	二级科目	科目编码	业务项目	业务目标	完成时间	年度目标分解												责任人	需要资源	备注
						1月	2月	3月	4月	5月	6月	7月	8月	9月	10月	11月	12月			
14	差旅费		差旅费																	
15	汽车费用		汽车费用																	
合计																				

四、年度直接、间接人力需求预测表（见表6－11）

表6－11　年度直接、间接人力需求预测表

中心/部门	科室	类别	职务名称	当前人数	预计人数	年度各月增减人数												预计人数	人员增加、减少原因说明
						1月	2月	3月	4月	5月	6月	7月	8月	9月	10月	11月	12月		
第一事业部	总经办	间接人员	总经理																
			人事专员																
			行政专员																
			助理会计师																
	采购科	间接人员	科长																
			采购工程师																
			采购专员																
	销售部	间接人员	营销经理																
			业务代表																
			业务助理																

续表

中心/部门	科室	类别	职务名称	当前人数	预计人数	年度各月增减人数												预计人数	人员增加、减少原因说明
						1月	2月	3月	4月	5月	6月	7月	8月	9月	10月	11月	12月		
第一事业部	工程中心	间接人员	总监																
			科长																
			高级工程师																
			工程师																
			助理工程师																
			技术员																
			项目经理																
			项目工程师																
	制造办公室	间接人员	总监																
			部长																
			科长																
			夜班主管																
			助理																
	产品工程科	直接人员	维修技术员																
			治具管理员																
			锡炉工																
			科长																
		间接人员	高级工程师																
			工程师																
			IE 技术员																

续表

中心/部门	科室	类别	职务名称	当前人数	预计人数	年度各月增减人数												预计人数	人员增加、减少原因说明
						1月	2月	3月	4月	5月	6月	7月	8月	9月	10月	11月	12月		
第一事业部	综合管理科	直接人员	账务员																
			组长																
			仓管员																
			物料员																
		间接人员	科长																
			计划员																
	品管部	直接人员	检验员																
			质控员																
			煲机作业员																
		间接人员	部长																
			工程师																
			技术员																
	制造一科	直接人员	作业员																
			生产拉长																
		间接人员	科长																
			统计员																
	制造二科	直接人员	作业员																
			生产拉长																
		间接人员	科长																
			统计员																
	制造三科	直接人员	作业员																
			生产拉长																
		间接人员	科长																
			统计员																

续表

中心/部门	科室	类别	职务名称	当前人数	预计人数	年度各月增减人数												预计人数	人员增加、减少原因说明
						1月	2月	3月	4月	5月	6月	7月	8月	9月	10月	11月	12月		
直接人员需求汇总																			
间接人员需求汇总																			
合计																			
说明	直接人员	制造单位：作业员、副拉长、拉长、领班、物料员、维修技术员； 资材中心：组长、账务员 、物料稽核专员、叉车司机 、仓管员； 质量中心：检验员、质控员； 工模、五金、注塑：初级技工、中级技工、高级技工																	
	间接人员	除直接人员以外的所有岗位																	

五、年度各月损益表（见表6－12）

表6－12　年度各月损益表

项目	行资	填列说明	1月	2月	3月	4月	5月	6月	7月	8月	9月	10月	11月	12月	年度累计数	2016年累计数占营收比例	2015年累计数占营收比例	2016年较2015年占营收比差异
一、主营业务收入	01	预测营业额，来源于销售预测																

续表

项目	行资	填列说明	1月	2月	3月	4月	5月	6月	7月	8月	9月	10月	11月	12月	年度累计数	2016年累计数占营收比例	2015年累计数占营收比例	2016年较2015年占营收比差异
减：主营业务成本	02	按第一事业部最新预算、半成品内部交易价格、材料移动平均价格、BOM 用量等计算																
其中：材料成本		包含五金、注塑、高频、引线、SMT 等第一事业部从消费电源采购的半成品，BOM 用量核算																
直接人工		第一事业部制造车间的产品工艺路线、直接人工小时费率预算核算																
制造费用		第一事业部制造车间的产品工艺路线、小时费率预算核算。包含间接人工、折旧费用、动力费用、其他制造费用等																

续表

项目	行资	填列说明	1月	2月	3月	4月	5月	6月	7月	8月	9月	10月	11月	12月	年度累计数	2016年累计数占营收比例	2015年累计数占营收比例	2016年较2015年占营收比差异
其中：间接人工		制造办公室、制一、制二、制三、品管，管理人员和辅助人员、技术人员工资																
折旧费用		制造办公室、制一、制二、制三、品管，折旧费																
动力费用		制造办公室、制一、制二、制三、品管，水电费																
其他制造费用		制一、制二、制三、（除直接、间接、折旧、水电费以外的费用）和制造办公室、品管（除间接、折旧、水电费以外的费用）																
委外费用																		
主营业务税金及附加	03	集团统一做再分摊到 BU																

续表

项目	行资	填列说明	1月	2月	3月	4月	5月	6月	7月	8月	9月	10月	11月	12月	年度累计数	2016年累计数占营收比例	2015年累计数占营收比例	2016年较2015年占营收比差异
二、主营业务利润	04	=01 -02 -03																
加：分入利润	05																	
减：分出利润	06																	
三、内部交易利润	07	=04 +05 -06																
加：其他业务收入	08																	
减：其他业务成本	09																	
四、其他业务利润	10	=07 +05 -06																
减：营业费用	11	销售部成本中心费用预算																
管理费用	12	总经办 + 工程中心费用预算																
财务费用	13																	
资产减值损失	14																	

续表

项目	行资	填列说明	1月	2月	3月	4月	5月	6月	7月	8月	9月	10月	11月	12月	年度累计数	2016年累计数占营收比例	2015年累计数占营收比例	2016年较2015年占营收比差异
加：公允价值变动收益	15																	
投资收益	16																	
五、营业利润	17	=10 - 11 - 12 - 13 - 14 + 15 + 16																
加：营业外收入	18	盘盈																
减：营业外支出	19	第一事业部资产报废损失、盘亏																
六、未分摊总部费用前利润总额		=17 + 18 - 19																
减：与BU相关的总部费用																		
七、利润总额																		

续表

项目	行资	填列说明	1月	2月	3月	4月	5月	6月	7月	8月	9月	10月	11月	12月	年度累计数	2016年累计数占营收比例	2015年累计数占营收比例	2016年较2015年占营收比差异
减：所得税		按税净利15%计提																
八、净利润																		

六、阿米巴年度现金流量表（见表6-13）

表6-13　阿米巴年度现金流量表

项目	1月	2月	3月	4月	5月	6月	7月	8月	9月	10月	11月	12月	合计
期初现金、银行存款余额													
1. 收货款													
小计													
1. 收废品款													
2. 租金收入													
3. 收理赔款													
4. 利息收入													
5. 其他收入													
小计													
收入合计													
支出													
1. 供应商货款（原材料）													

续表

项目	1月	2月	3月	4月	5月	6月	7月	8月	9月	10月	11月	12月	合计
2. 供应商货款（辅料）													
3. 委外加工													
4. 设备款													
5. 工程款													
6. 工资项目													
（1）管理工资													
（2）工人工资													
（3）住房公积金（含代扣代缴个人部分）													
（4）社保（含代扣代缴个人部分）													
（5）奖金													
小 计													
7. 水电费													
（1）电费													
（2）水费													
（3）燃料费													
小 计													
8. 其他费用													
福利费													
工伤医疗费													
培训费（原名：会务费）													
通信费													
差旅费													
应酬费													
货物运输费													
小车费用													

续表

项目	1月	2月	3月	4月	5月	6月	7月	8月	9月	10月	11月	12月	合计
招聘费													
客诉客退费													
租金													
无形资产摊销													
消耗品													
修理及保养费													
报关费													
认证费													
检测费													
专利费													
研发费用（原样品费用）													
广告费													
商业保险													
审计费													
诉讼费													
顾问费													
税费													
其他													
小计													
9. 长期待摊													
10. 折旧													
11. 税费													
（1）增值税													
（2）城建教育税													
（3）个人所得税（代扣代缴）													

续表

项目	1月	2月	3月	4月	5月	6月	7月	8月	9月	10月	11月	12月	合计
（4）企业所得税													
（5）房产税													
（6）土地使用税													
（7）印花税/车船税及其他													
小 计													
支出合计													
保底基金													
资金差额													
加：内部借款													
加：银行融资													
期末现金、银行存款余额													

七、阿米巴资产负债表格式（见表6－14）

表6－14　阿米巴资产负债表

项目	年初数	1月期末数	2月期末数	3月期末数	4月期末数	5月期末数	6月期末数	7月期末数	8月期末数	9月期末数	10月期末数	11月期末数	12月期末数
货币资金													
应收票据													
应收账款													
减：坏账准备													
应收账款净额													
预付账款													

续表

项目	年初数	1月期末数	2月期末数	3月期末数	4月期末数	5月期末数	6月期末数	7月期末数	8月期末数	9月期末数	10月期末数	11月期末数	12月期末数
其他应收款													
存货													
待处理流动资产													
一年内到期的非流动资产													
流动资产合计													
长期股权投资													
长期应收款													
固定资产原值													
减：累计折旧													
减：固定资产减值准备													
固定资产净额													
固定资产清理													
待处理固定资产													
在建工程													
无形资产													
长期待摊费用													
递延所得税资产													
资产总计													
短期借款													
应付票据													
应付账款													
预收账款													
其他应付款													

续表

项目	年初数	1月期末数	2月期末数	3月期末数	4月期末数	5月期末数	6月期末数	7月期末数	8月期末数	9月期末数	10月期末数	11月期末数	12月期末数
应付职工薪酬													
应交税费													
应付股利													
一年内到期的非流动负债													
流动负债合计													
长期借款													
长期应付款													
长期负债合计													
递延所得税负债													
负债合计													
实收资本													
资本公积													
盈余公积													
本年利润													
未分配利润													
所有者权益合计													
负债和所有者权益总计													
制表：													
本月购原料													
本月发出原料													
原材料													
半成品													
产成品													

续表

项目	年初数	1月期末数	2月期末数	3月期末数	4月期末数	5月期末数	6月期末数	7月期末数	8月期末数	9月期末数	10月期末数	11月期末数	12月期末数
在产品													
委外加工物资													
存货													
进项													
应付													
银行存款													

八、阿米巴年度费用计划表（见表6－15）

表6－15　阿米巴年度费用计划表

编制说明	二级科目	序号	费用科目编码	三级科目	重新归类	1月	2月	3月	4月	5月	6月	7月	8月	9月	10月	11月	12月	年度	占产值百分比
				营业额/产值															
01	直接生产人员工资	01		固定工资															
		02		计件工资															
		03		绩效奖															
		04		加班费															
		05		工资发放差异															
		06		夜餐补贴															
		07		生活补助															
		08		退房补贴															

续表

编制说明	二级科目	序号	费用科目编码	三级科目	重新归类	1月	2月	3月	4月	5月	6月	7月	8月	9月	10月	11月	12月	年度	占产值百分比
01	直接生产人员工资	09		特殊岗位补贴															
		10		工龄奖															
		11		其他补贴															
		12		月度奖金															
		13		全勤奖															
		14		品质奖															
		15		年终奖金															
01	小计			直接生产人员工资															
02	管理人员工资	01		固定工资															
		02		绩效奖															
		03		加班费															
		04		生活补助															
		05		夜餐补贴															
		06		工资发放差异															
		07		其他补贴															
		08		月度奖金															
		09		年终奖金															
02	小计			管理人员工资															
03	技术人员工资	01		固定工资															
		02		绩效奖															
		03		加班费															
		04		生活补助															
		05		夜餐补贴															
		06		工资发放差异															

续表

编制说明	二级科目	序号	费用科目编码	三级科目	重新归类	1月	2月	3月	4月	5月	6月	7月	8月	9月	10月	11月	12月	年度	占产值百分比
03	技术人员工资	07		其他补贴															
		08		月度奖金															
		09		年终奖金															
03	小计			技术人员工资															
04	辅助人员工资	01		固定工资															
		02		绩效奖															
		03		加班费															
		04		生活补助															
		05		夜餐补贴															
		06		工资发放差异															
		07		其他补贴															
		08		月度奖金															
		09		年终奖金															
04	小计			辅助人员工资															
05	社保费用	01		养老保险（原养老＋失业＋工伤＋生育＋医疗）															
		06		强制性公积金															
05	小计			社保费用															
06	住房公积金	01		住房公积金															
06	小计			住房公积金															

续表

编制说明	二级科目	序号	费用科目编码	三级科目	重新归类	1月	2月	3月	4月	5月	6月	7月	8月	9月	10月	11月	12月	年度	占产值百分比
07	福利费	01		公司活动费（原公司活动费＋公费旅游＋发放物品）															
		04		菜金															
		05		补偿金															
07	小计			福利费															
08	工伤医疗费	01		工伤医疗费															
08	小计			工伤医疗费															
09	培训费（原名：会务费）	01		培训费（原资料费＋出差费＋内部会务费）															
09	小计			培训费（原名：会务费）															
10	通信费	01		固定电话费															
		02		手机费															
		03		网络费															
		04		邮费（文件快递费）															
10	小计			通信费															

续表

编制说明	二级科目	序号	费用科目编码	三级科目	重新归类	1月	2月	3月	4月	5月	6月	7月	8月	9月	10月	11月	12月	年度	占产值百分比
11	差旅费	01		交通费（+原运输费和报关费下的出差费）															
		02		住宿费															
		03		伙食费															
11	小计			差旅费															
12	应酬费	01		应酬费															
12	小计			应酬费															
13	货物运输费	01		油费															
		02		路桥费															
		04		汽车修理费															
		05		汽车年审费（原汽车年审费+汽车保险费）															
		08		外租车费															
		09		运输费（+原通信费下送货产生的空运，船运和快递费）															
13	小计			货物运输费															
14	小车费用	01		油费															
		02		路桥费															
		04		汽车修理费															
14	小计			小车费用															

续表

编制说明	二级科目	序号	费用科目编码	三级科目	重新归类	1月	2月	3月	4月	5月	6月	7月	8月	9月	10月	11月	12月	年度	占产值百分比
15	招聘费	01		招聘费（原场地费 + 差旅费）															
15	小计			招聘费															
16	燃料动力费	01		水费															
		02		电费															
		03		燃料费															
16	小计			燃料动力费															
17	客诉客退费	01		返工材料费用															
		02		处理客诉费用															
17	小计			客诉客退费															
18	折旧	01		折旧															
18	小计			折旧															
19	租金	01		厂房/办公楼租金															
		02		宿舍租金															
		03		房屋管理费															
19	小计			租金															
20	无形资产摊销	01		无形资产摊销															
20	小计			无形资产摊销															
21	消耗品	02		生产消耗															
		03		办公消耗															
		04		其他消耗															
21	小计			消耗品															

续表

编制说明	二级科目	序号	费用科目编码	三级科目	重新归类	1月	2月	3月	4月	5月	6月	7月	8月	9月	10月	11月	12月	年度	占产值百分比
22	修理及保养费	03		保养费															
		04		修模费															
		05		设备修理费															
		06		工冶具费用															
		07		后勤维修费用															
22	小计			修理及保养费															
23	报关费	01		查车费															
		02		打单费															
		03		商检费															
		05		委托费															
		06		报关费															
23	小计			报关费															
24	认证费	01		安规认证费用（+原证书年费）															
		03		体系检查费（+原工厂检查费）															
24	小计			认证费															
25	检测费	01		原材料检测费															
		02		成品检测费															
		03		EMC 检测费															
		04		设备仪器检测费															
25	小计			检测费															
26	专利费	01		专利费															

续表

编制说明	二级科目	序号	费用科目编码	三级科目	重新归类	1月	2月	3月	4月	5月	6月	7月	8月	9月	10月	11月	12月	年度	占产值百分比
26	小计			专利费															
27	研发费用（原样品费用）	01		样品费															
		02		项目研发费															
27	小计			研发费用（原样品费用）															
28	广告费	01		广告费															
		03		参展费															
28	小计			广告费															
29	商业保险	01		财产保险															
		02		产品保险															
		03		人身意外保险															
29	小计			商业保险															
30	审计费	01		审计费															
30	小计			审计费															
31	会议费	01		会议费															
31	小计			会议费															
32	诉讼费	01		诉讼费															
32	小计			诉讼费															

续表

编制说明	二级科目	序号	费用科目编码	三级科目	重新归类	1月	2月	3月	4月	5月	6月	7月	8月	9月	10月	11月	12月	年度	占产值百分比
33	长期待摊	01		长期待摊费用															
33	小计			长期待摊															
34	税费	01		房产税															
		02		土地使用税															
		03		车船使用税															
		04		关税															
		05		印花税															
		08		排污费															
		09		卫生费															
		10		员工调配费															
		11		堤围费															
		12		交政府杂费															
		13		差饷															
34	小计			税费															
35	杂费	01		杂费															
35	小计			杂费															
36	其他	01		项目费用															
		02		公司经费															
		03		业务佣金															
36	小计			其他															
				合　计															

续表

编制说明	二级科目	序号	费用科目编码	三级科目	重新归类	1月	2月	3月	4月	5月	6月	7月	8月	9月	10月	11月	12月	年度	占产值百分比
			明细与加总数据校对差异																

案例4

J公司是一家由英国、中国香港合资的专业漆包线生产厂家，专业为各国际著名品牌厂家提供漆包线及其他线材系列产品，年产值逾7亿元。

随着竞争的加剧和国际期货铜的价格连年滑坡，该公司的业绩自2012年开始下降，利润的滑坡更是严重。此时，公司对外需要寻求新的产品，对内必须控制各项成本。

一、问题现象

1. 管理高度集权、缺乏经营性人才

总经理高度集权，管理人员只是听从指挥，缺乏主观能动性，更无经营意识和经营能力。

2. 局限于OEM模式，和市场脱节

该公司长期以来局限于OEM模式，对于市场的敏感度不够，没有主动研发产品与开发客户。

3. 没有财务管理和分析

只有销售收入较为准确，利润没有分解到产品、客户，分不清谁赚钱、谁亏损。

4. 库存严重、资金链几近断裂

铜的采购数量没有对接市场，产、销严重不平衡。2013 年底，公司库存占用的资金高达 5000 万元，但是全年主营业务利润只有 1000 多万元，使得资金链几近断裂。

5. 公司的业务开拓几近停滞

只是依赖于总经理的人脉介绍客户和接单，没有专业销售队伍，也没有主动开发客户和抢夺竞争对手的订单份额。

6. 组织体系紊乱，依靠总经理个人随机指挥

虽然有分部门、岗位，但职责非常不清，依靠总经理随机指挥加以运作。

7. 公司的责、权、利体系没有建立

无从谈起授权体系，事事都是总经理亲自下令、亲自过问，属下必须在过程中时时汇报。

二、原因分析

1. 公司的权力都集中在总经理手中，长此以往，将强兵弱。

2. 公司长期都局限于 OEM 模式，缺少和外部市场的互动及对接，形成了相对封闭的内部市场，缺少市场

化思维和运作。

3. 公司缺乏经营管理人才，粗放式经营，没有分析过业务、产品、客户、营销模式和细分利润，缺乏业务链规划和战略思维。

4. 公司高度集权、人才匮乏、一人多岗、组织职能错位不健全、业绩下滑等，形成一条恶性循环链条，必须从内部变革和打破。

三、解决方案

1. 诊断调研

通过面谈、现场观察、资料阅读、走访客户、了解同行等方法，将公司的问题挖掘出来。

2. 数据分析与市场研究

对现有产品和客户进行销售额、利润、资金周转等分析，筛选优质产品与客户。同时，通过外部调研、同行对标、趋势研究、政策影响等，寻找蓝海产品与客户。

3. 制定中长期战略规划

通过以上内外数据分析，得出公司“一个中心、两个基本点”的战略转型思路，即以原 OEM 加工向工贸一体化转型为中心；以产品结构调整和营销体系重塑为两翼；最后通过战略研究确定了两个增长业务产品和一个种子业务产品。

4. 阿米巴组织划分

以产品为划分维度：5 个一级巴（利润型）；

以职能为划分维度：4 个二级生产巴（成本型）、4 个二级销售巴（利润型）。

5. 阿米巴资产盘点和费用分摊

对公司总部、各巴进行清产核资；建立费用分摊规则并进行分摊。

先将总部费用按各巴销售额占比分摊到一级巴，再将总部分摊下来和一级巴职能部门的费用分摊到二级销售巴（利润巴），二级生产巴（成本巴）只对巴内成本负责（标准成本），形成生产巴和销售巴的核算表。

6. 阿米巴内部交易

内部交易是阿米巴会计的核心，该公司的内部交易关系比较复杂，分为以下四个步骤进行：

第一，业务流分析暨内部交易界定。

因为该公司的产品有不同的工序，不同的产品经过的前工序的组合不同，必须仔细厘清每一种产品的工序组合并勾画出各巴产生内部交易的产品和关系。

第二，内部交易定价。

该公司的内部交易分为三种形式——同巴之间购销、跨巴交易和内部外发。

首先计算每道工序每个品规的标准成本，按照料工费的成本构成原则，同时加上生产巴的巴内费用折算到每个品规的部分。在标准成本的基础上加上跨巴交易利润，跨巴交易利润在标准成本的基础上顺加一定比例。

第三，内部交易流程。

按照上述三种不同的交易形式，分别标记出产品在生产巴、销售巴之间的流动交易关系和交易过程涉及的责任岗位和工作表单。

第四，内部交易的报表体现。

按照交易物、交易价和交易流的三大要素确定，进行会计入账。由于公司用的会计入账方式是各巴合并报表，可以直接对接公司财务报表，因此内部购销和交易的报表入账只有经过上述三个步骤后才会非常清晰。

7. 阿米巴年度经营目标建立

首先，顾问师培训各巴长如何预测销售收入，以及在该销售收入的前提下，如何做好各项成本与费用的预算。同时，设计好相关表格，以利于巴长操作。

其次，各巴结合自下而上和自上而下两条线，进行年度经营预算编制并分解到月，形成汇总的公司总经营预测表。

最后，为了确保经营目标能够执行落地，还针对生产、销售两大体系制定业务计划落地举措。

8. 阿米巴运营管控

成立阿米巴推进委员会，界定委员的职责和例会机制；成立审计监察委员会，界定审计监察的内容、形式；界定总部和阿米巴组织的权限、事项和对接流程。

9. 阿米巴实施辅导与运行改善

针对阿米巴经营会计报表要每日统计的现状，列明每笔会计科目要得到的数据来源，从而对于公司内部运作流程上的很多节点增补了13种日常工作表单，以确保数据的及时性、准确性。

针对运行中产生的问题，能够及时解决的除外，其他的形成问题反馈单，逐级会签，推动财务对接人、巴长、项目负责人和总经理等知悉问题和解决问题，并将问题反馈单形成周汇总，例行汇报。

在试运行过程中调整了费用分摊规则、跨巴交易利润核算规则、个别巴的年度经营目标预算等，并且敦促财务对原来报表中不合理的数据项进行修正。

培训巴长、统计员和管理干部，对阿米巴的系统框架、财务知识、报表阐释、内部交易形式和流程等均予以培训。

四、实施效果

1. 观念转变，人才培养

这是到目前为止最大的收获，总经理开始下放一定权力到巴长；以前销售跟单的、车间主任、品管经理，做了巴长之后就主动去开发客户，而且已经成功开发几个客户。

2. 利润同比大幅增长

该公司自实施阿米巴以来，一改两年来利润一路下滑的颓势，营业额增长38%、利润增长52%；新产品的研发与销售也正按顾问拟订的战略在实施，新客户、新产品的销售额已占27%。

3. 库存大幅降低（漆包线、三层绝缘线等库存品）

该公司自实施阿米巴以来，库存品金额从7000万元大幅降低至3000万元，充裕了现金流，极大地缓解了公司资金链的压力。

阿米巴经营会计
AMOEBA

第七章

阿米巴经营会计报表的构建与运用

阿米巴经营会计报表，是衡量阿米巴单元日常经营管理过程中各项经营性指标的报表。阿米巴经营会计报表的科目格式设置比较简单，报表使用者容易理解，也能比较清楚地反映阿米巴组织的收入总额和费用总额，让每一位员工都对阿米巴的收入、费用和利润有足够重视，也让企业高层利用阿米巴经营会计报表来监控经营过程。

本章目标

1. 理解：阿米巴经营会计报表的关键内容。
2. 理解：经营会计报表的制作最好精确到周。
3. 理解：预提和预计可有效控制风险。
4. 掌握：经营会计报表的统计部分。
5. 掌握：经营会计报表的改善分析部分。
6. 掌握：阿米巴经营会计报表体系与范例。
7. 操作：设计阿米巴经营会计报表。

形成成果

阿米巴经营会计报表。

第一节　从损益表到经营核算表

提示

从传统损益表变成阿米巴的经营核算表，是一家公司实施阿米巴经营模式的前提。本节主要是了解经营会计报表改善的思路。

怎么看到阿米巴组织每天的经营状况？这就需要对传统报表进行改革，从传统损益表变成阿米巴的经营核算表。

两者的不同在于：其一，传统损益表是以数字损益为导向的，阿米巴经营核算表是以用户价值为导向的；其二，每个阿米巴均为用户创造价值，不仅形成整体效应，还避免了滥竽充数的问题。

为什么要变成阿米巴经营核算表？互联网时代要求以用户价值为导向，才能真正实现公司与客户共赢共享。每个阿米巴都以用户价值为导向，盯住用户个性化需求，赢利就是必然的结果。

在互联网时代，企业就应该让每个人都是自己的CEO。这意味着让每个人成为经营者，不是被各种各样的报表所左右，而是以阿米巴经营核算表为平台，发挥每个员工的聪明才智和最大潜能。阿米巴损益表示例见表7－1。

表7－1　阿米巴损益表

阿米巴名称：																																							
项目		2021年1月			2021年2月			2021年3月			2021年4月			2021年5月			2021年6月			2021年7月			2021年8月			2021年9月			2021年10月			2021年11月			2021年12月			累计	
		预算金额	实际金额	差异	预算金额	实际金额	差异	预算金额	实际金额	差异	预算金额	实际金额	差异	预算金额	实际金额	差异	预算金额	实际金额	差异	预算金额	实际金额	差异	预算金额	实际金额	差异	预算金额	实际金额	差异	预算金额	实际金额	差异	预算金额	实际金额	差异	预算金额	实际金额	差异	预算金额	实际金额
总出货	a：对外销售																																						
	b：对内销售																																						
	小计																																						
（一）总收入	（1）对外销售收入																																						
	（2）对内销售收入																																						
	（3）内部采购																																						
	小计																																						
减：（二）成本（不含人工）	（4）固定成本																																						
	（5）变动成本																																						
	小计																																						
减：（三）人工（见编制）	（6）直接人工																																						
	（7）间接人工																																						
	小计																																						

续表

阿米巴名称：

项目		2021年1月			2021年2月			2021年3月			2021年4月			2021年5月			2021年6月			2021年7月			2021年8月			2021年9月			2021年10月			2021年11月			2021年12月			累计	
		预算金额	实际金额	差异	预算金额	实际金额	差异	预算金额	实际金额	差异	预算金额	实际金额	差异	预算金额	实际金额	差异	预算金额	实际金额	差异	预算金额	实际金额	差异	预算金额	实际金额	差异	预算金额	实际金额	差异	预算金额	实际金额	差异	预算金额	实际金额	差异	预算金额	实际金额	差异	预算金额	实际金额
减：（四）费用	（8）本巴费用																																						
	（9）直接分摊费用																																						
	（10）间接分摊费用																																						
	小计																																						
本巴净利润																																							
本巴总时间	正常工作时间																																						
	加班时间																																						
	公共时间																																						
	借调/支援时间																																						
	小计																																						
当月单位时间																																							
单位时间产值																																							
人工利润比																																							

第二节 用经营会计报表透视经营状况

提示

阿米巴经营会计报表能够以数据反馈现场，通过一线的反馈，来透视经营状况。具体如何操作，这是本节重点讲述的内容。

一、用数据反馈现场

阿米巴经营会计就是以数据反馈现场，及时应对市场变化。阿米巴经营会计是反映阿米巴整体经营状况的一套核算体系，清晰地表明阿米巴的损益状况。只有将复杂问题简单化，才能让阿米巴全体员工都了解。在阿米巴经营模式里面"人人都是经营者"，只有掌握了现场的经营数据，阿米巴领导人才能准确地做出决策。这也是阿米巴经营的精髓所在。

阿米巴经营模式是以经营数据为基础，经营数据可以使阿米巴经营状况具体而直观。阿米巴领导人通过经营数据可以易如反掌地把握经营现状，并在此基础上，在短时间内进行现场沟通，及时采取相应措施，应对市场变化。

例如，一些导入阿米巴经营模式的企业中，阿米巴领导人将年度计划、月度计划分解，得到当日计划。经营数据表都在车间的黑板上贴着，阿米巴组织每天都召开晨会，员工能够获得前一天的生产数量、经营目标达成率、单位时间核算、良品率等经营数据，同时指出当前的问题，并明确当天的工作任务。所有的阿米巴成员都边听边做笔录。通过数据反馈现场，将阿米巴经营目标和经营数据在晨会等会议上反复传达，使全体员工对数据核算非常敏感，而且会对负责的工作所创造的利润产生浓厚的兴趣。

如果阿米巴组织中每一个人、每一个岗位都有一张单位时间核算表，通过这张单位时间核算表客观分析阿米巴经营状况，就能够对现场经营状况一目了然。各阿米巴根据年度经营目标来设定月度目标和当日目标，对实际业绩进行动态管理。通过准确掌握反映自身业务活动结果的附加价值，能够迅速找出问题，并立刻加以改进。

操作

××巴数据反馈现场的步骤（选一个重要的部门进行演练）。

二、用阿米巴经营会计报表透视经营状况

将阿米巴经营会计报表模板摆在面前，阿米巴领导人只

需要把业绩数据填入表中。各个阿米巴都把各自的月度业务计划转换成具体的规划数据，用经营会计报表的形式展现，然后对比实际业务所创出的销售额和所发生的经费开支，进行核算管理。

每个阿米巴根据“单位时间”这一指标来设定年度和月度目标，对实际业绩进行管理。阿米巴组织每个月通过准确掌握反映自身业务活动结果的附加价值，能够迅速找出问题所在，并立刻加以改进。

阿米巴运用经营会计报表对经营过程进行管理，主要有如下特点：

公司经营，重要的是平时就要了解现场的情况，通过详细的经营会计报表来客观分析阿米巴组织的经营状况，以此开展经营。

阿米巴领导人可以随身带着经营会计报表，随时进行研究。通过经营会计报表，能够对产品种类、材料、制造工序、设备、生产技术以及阿米巴工作气氛了如指掌。只要审读经营会计报表，阿米巴的工作情况、部门现状以及阿米巴面临的问题都会一一掌握。在阿米巴组织中，不需要任何人进行汇报，经营会计报表会告诉你一切。

思考：阿米巴经营会计报表的重要性。

想要对阿米巴的经营状况了如指掌，关键是如何划分经营会计报表的成本和费用项目。经营会计报表的项目要比普通财务报表的统计项目详细得多，因此能够准确地把握经营现状。

三、阿米巴领导人的工作重点是“时间”管理

在导入阿米巴经营模式的企业中，销售部门和生产部门都是独立核算的阿米巴，因此阿米巴全体成员都会为提高附加价值、增加盈利而做出努力。

比如，生产型阿米巴的核算是将生产总值计入收入，然后减去除劳务费之外的所有扣除金额，算出结算销售额。而销售型阿米巴是把作为收入的总收益减去除劳务费之外的所有经费开支，算出结算收益。然后用计算出的结算销售额（销售部门是结算收益）除以总时间，就得出了单位时间核算。于是，销售部门和制造部门作为独立的阿米巴，就可以掌握自己部门的附加价值，并努力提高该数据。

思考：阿米巴领导人为什么要进行“时间”管理？

由此可见，阿米巴领导人的工作重点不是放在劳务费上，而是放在提高生产能力的“时间”管理上。

四、准确掌握每天的业绩数据，迅速做出经营判断

经营会计报表不是在月末统计当月的订单、生产、销售、经费、时间等重要的经营信息，而是每天进行统计，并迅速

地将其结果反馈给阿米巴成员。

巴长只有准确地掌握了每天的业绩数据，才能时刻把握计划的进展情况。如果产品订单、销售金额及产品制造等计划拖延，那么阿米巴组织就能立即采取对策以使计划顺利完成。另外，如果经费开支超出了经营计划，阿米巴领导人也能迅速地采取严格控制支出的措施。

通过每天检查阿米巴组织的核算情况，就可以迅速地做出经营判断。这种每天进行的核算管理保证了阿米巴经营目标的顺利完成。

思考：阿米巴组织为什么要准确掌握每天的业绩数据？

五、努力提高工作生产率，不断增强市场竞争力

在“人人成为经营者”的阿米巴经营模式中，阿米巴组织为了提高“单位时间核算”，时刻关注时间的重要性，营造充满紧迫感的工作氛围，并通过反复的钻研创新提高劳动生产率。

现代的企业经营最重视的是速度，把如何提高时间效率看作在竞争中取胜的关键。经营会计报表通过引入“时间”概念，使每一位阿米巴员工都能意识到时间的宝贵，努力提高生产

思考：阿米巴经营为什么能够提高生产率？

率。这不仅能够提高本阿米巴的核算效率，还能提高公司整体的生产率，从而进一步增强市场竞争力。

六、汇总阿米巴经营数据，提高员工们参与经营的意识

各个阿米巴领导人及其成员把经营会计报表作为掌握总体经营规划、经营业绩的重要资料，而且各阿米巴的经营数据最后会汇总成公司整体的经营会计数据。这样就逐步形成通过统计各阿米巴经营会计报表来掌握公司经营业绩的机制。公司不仅统计各个阿米巴组织的经营数据，还统计各阿米巴的总体规划、月度经营会计报表，从而计算出公司整体的计划数据。

为使整个公司拥有统一的经营会计报表，并以相同的标准和制度运作，全公司必须统一经营会计报表的格式。各阿米巴的经营数据汇总成公司整体的数据之后，公司领导层就能够把握正确的经营方向，并且及时通报各阿米巴以及公司的业绩，可以让全体员工准确地了解各阿米巴和公司的经营状况，从而提高员工们参与经营的意识。

思考：如何提高员工参与经营的意识?

第三节　阿米巴经营会计报表的建立

阿米巴经营会计报表的建立，是阿米巴经营的显性标志（如图 7－1 所示）。

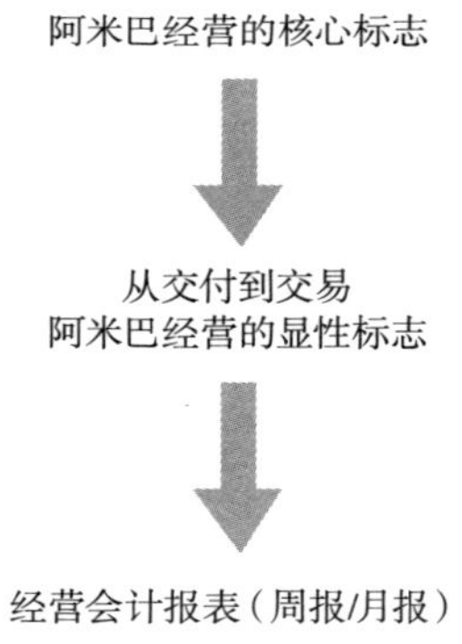

图 7－1　阿米巴经营会计报表的建立

一、阿米巴经营会计报表与财务报表的比较

阿米巴经营会计报表与财务报表的差异，主要体现在关注人员、周期及体系、结果与过程等方面（如图 7－2 所示）。

思考：相对于财务报表，你如何理解阿米巴经营报表的优势？

	财务报表	阿米巴经营报表
关注人员	·公司老总 ·财务总监 ·经理	·巴长及团队成员
周期及体系	·月报/季报/年报 ·三大报表	·日报/周报/月报 ·经营报表及分析表
结果与过程	·结果后置	·标准提前 ·实时反映 ·及时纠偏

图7－2　阿米巴经营会计报表与财务报表的差异

二、阿米巴经营会计报表的设计原则

（1）以始为终：始终以提升经营效益为出发点。

（2）看清看细：精细化核算，真实直观反映经营状况。

（3）利益改善：方便进行经营分析，能基于数据做决策。

（4）简单明了：报表呈现尽可能简单直观。

（5）个性化定制：根据企业特点与需求量身定制。

第四节　阿米巴经营会计报表的应用要求

提示

阿米巴经营会计报表能够让巴长一目了然地知道公司经营状况。读完本节内容需要掌握阿米巴经营表单体系和使用要求。

一、用报表指导经营

稻盛和夫先生曾这样说过阿米巴经营会计："无论是在公司还是出差，我都第一时间看每个部门的《阿米巴经营会计报表》。透过销售额和费用的内容，我可以像看一个一个故事一样明白那个部门的实际状态，经营上的问题也自然而然地浮现出来。"

不管您在公司还是出差，只要看这一张报表，就可以知道公司的经营状况；看到某部门销售、费用的内容，就像看故事一样明白了该部门的实况，脑海中浮现出该部门负责人的相貌，"那样乱花费用""材料费占销售额比率太大"，经营上的问题也自然浮现。

当然，阿米巴经营会计报表除了让股东或经营者能直接看到公司的经营状况及发现问题外，阿米巴经营会计也可以采用市场价格倒逼的方法来降低生产成本。如销售部接到订单后，发送到生产部门，生产部门会以订单上的价格为基础想尽一切办法来降低费用，以用最少的费用和成本来做出最完美的客户最满意的产品，从而达到利润最大化的目的。如图 7－3 所示：

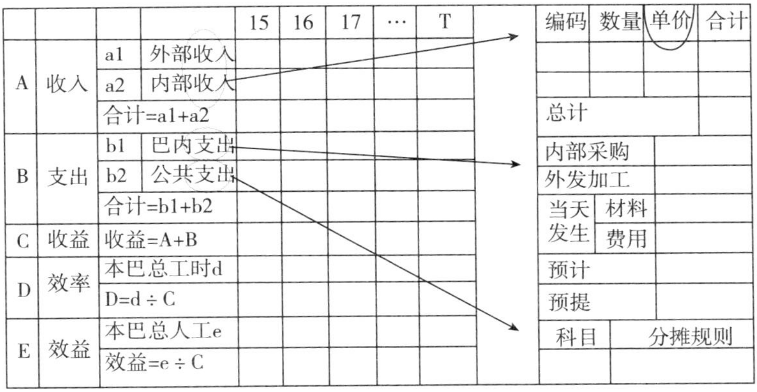

图 7－3　阿米巴经营会计报表的内容

阿米巴经营会计报表一般包括三个方面的内容：

一是收入。阿米巴单元的销售额减去返货、退货等的余额即该单元的收入。阿米巴的收入来源于产品的销售，如果是利润巴，除了内部交易产生的销售，还可以直接对外销售产品，这两部分的总和减去因各种原因回收产品或赔偿上游工序的金额，再减去内部采购的金额，便是本阿米巴单元的净收入。

二是各阿米巴单元在一周期内所产生的费用和成本。阿米巴单元的成本包括原材料成本、辅料成本以及人力成本（有些企业不愿意将人力成本纳入产品成本中，也是可以考虑的一种方式）等。阿米巴单元的费用，分成统计部分和分摊部分。统计部分指各阿米巴单元在运营过程中产生的费用，分摊部分指本阿米巴单元外的部门或集团所产生的费用，需要本巴承担的部分。

三是各阿米巴单元在一周期内所产生的工时。工时包括三部分：第一部分是本巴所产生的工时，即本巴本周期内工作人数×工作时间；第二部分是非本巴人员，如上级巴或总部人员所产生的工时分摊；第三部分是临时外借人员所产生的工时，或本巴人员加班所产生的工时。

对于阿米巴单元的利润如何产生，不同的巴形态、不同的订单方式也不同。如利润巴，一般是通过外延，即通过提高销售价格和销售数量来提高利润；而成本巴，则是通过内求，即降低产品的生产成本及费用达成本巴收益。

评点

经营会计报表可以帮助我们从战略的高度把企业看清、看透、看系统。每个阿米巴真实的经营状况如何，这个月赚了还是亏了，哪个阿米巴亏，哪个阿米巴赚了，费用如何花的，通过经营会计报表就可以一目了然，从报表中找出问题，让员工看着报表进行改善。

下面是一张××股份公司的阿米巴经营会计核算表，供大家参考（见表7－2）：

表7－2　××股份公司阿米巴经营会计核算表

项目			计算公式			
营销收益	外部收益	客户甲	A1			
		客户乙	A2			
	内部收益	阿米巴甲	A3			
		阿米巴乙	A4			
	总收益合计		A＝A1＋A2＋…			
直接成本	变动费用	原材料	B1			
		配件费	B2			
		耗材费	B3			
		电费	B4			
		水费	B5			
		销售佣金	B6			
		内部购买	B7			
	固定费用	场地租金	B13			
		设备租赁	B14			
		固定利息	B15			
		公共分摊	B16			
	总成本合计		B＝B1＋B2＋…			
经营毛利			C＝A－B			
劳务费用	税前人工	工资总额	D1			
	公司补贴	社保总额	D2			
		福利总额	D3			
	总劳务合计		D＝D1＋D2＋…			
经营纯利			E＝C－D			

续表

项目	计算公式			
投入人员（个）	F			
总时间（小时）	G			
单位人均产值（元）	H = A/F			
单位时间价值（元）	I = C/G			

操作

填写阿米巴经营表单体系。

层次	内容	作用	细化

二、应用周期要求

阿米巴的经营会计报表起码要做到月报。如果连月报都没有，说明你的公司没有开始实施阿米巴经营模式。

经营会计报表的制作最好精确到周。阿米巴经营会计报表，最好能做到周报。如果你细分到下面的阿米巴，并且通过软件来抓取阿米巴的经营数据，那么做到日报也不是多困难的事情。如果你失去 IT 系

思考：阿米巴经营报表为什么最好精确到周？

统的支持，想通过人工来计算就比较困难了。

三、关于预提和预计

阿米巴周报有几个关键点：预提和预计。**预提和预计可有效控制风险。**

阿米巴经营会计报表就像开车的仪表盘，阿米巴经营周报可以不断地提醒经营者，哪里做得不好。

思考：预提和预计为什么可以有效控制风险？

如图 7－4 所示：

××巴周报				一	二	三
收入=内部收入+外部收入						
成本	本周领进材料	按实际数统计				
	场所分摊	金额÷全年工作周				
	设备折旧	金额÷全年工作周				
	预提质量损失	金额÷全年工作周	若未发生，年底转入利润			
费用	本周日常费用	按实际数统计				
	预计水电费	金额÷全月工作周	月报按实际数调整			
	公共费用分摊	金额÷全月工作周				
收益=收入－成本－费用						

图 7－4　阿米巴周报的关键点

四、通过报表查问题，改善分析

阿米巴经营会计报表分为两个部分：一个是统计部分，另一个是改善分析部分。其实最关键的是改善分析。如图7－5所示：

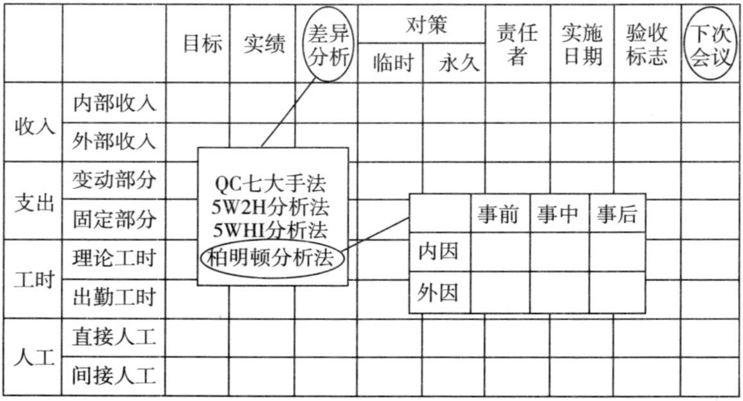

图7－5　阿米巴经营会计报表的改善分析

如果你的实际收入大于目标收入，而且你的实际支出小于目标支出，则意味着今天或者本周，你这个阿米巴是有利润的。如果没有，就要做个差异分析。这张表是非常有效的，是在外企里面用得比较多的表格。

阿米巴经营会计报表中，改善的部分有时候会比统计部分更重要。因为阿米巴报表的目的，就在于你不断地掌握经营状况，提出改善对策。

阿米巴经营会计报表的改善分析，有助于你及时应对市

场变化，有助于改善企业策略。在经营会计报表以及大数据背后，我们要精细化分析并思考潜藏在这些公式后面的特点、特性和特征，及时发现问题，追踪问题的根源，快速形成问题解决方案。数据不是任何人都能看明白的，所以必须形成文字分析结果，准确判断企业经营现状，帮助公司决策层准确决策。

所以稻盛和夫说："如果不懂会计，就不能称之为合格的经营者。"

思考：你如何理解稻盛和夫"如果不懂会计，就不能称之为合格的经营者"这句话？

第五节　阿米巴经营会计报表的核算逻辑

阿米巴经营追求的是“销售收入最大化，成本费用最小化”，要求阿米巴单元持续开源节流，创造高收益（如图7－6所示）。

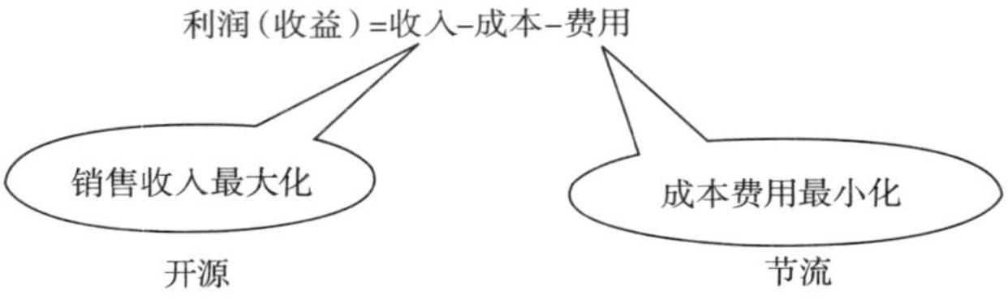

图7－6　阿米巴经营会计报表的核算逻辑

一、阿米巴经营会计报表的关键核算指标

阿米巴经营会计报表的关键核算指标，主要有效率指标和效益指标。

效率指标：

单位时间附加值＝(收入－成本－费用)/总工时

效益指标：

单位人效比＝(收入－成本－费用)/总人力成本

二、提高关键核算指标的主要手段

（1）多接订单，增加生产。

（2）减少浪费，降低费用。

（3）提高效率，缩短时间。

三、阿米巴报表密度与成本的关系

阿米巴报表密度与成本有一定的关系。以日报和时报为报表周期，成本就降低，收入提高（如图7－7、图7－8所示）。

1. 报表密度与成本降低

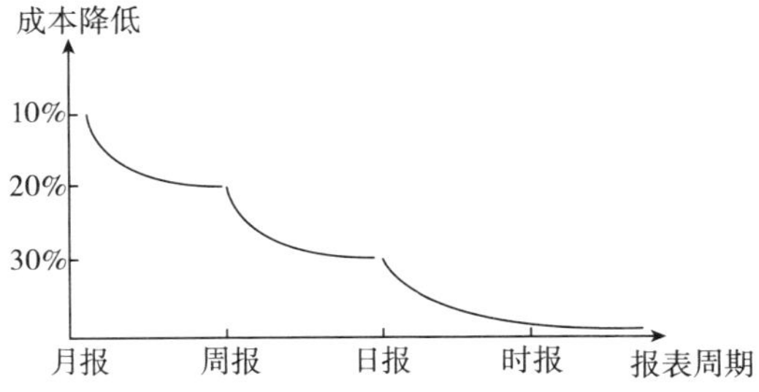

图7－7　报表周期与成本的关系

2. 报表密度与收入提高

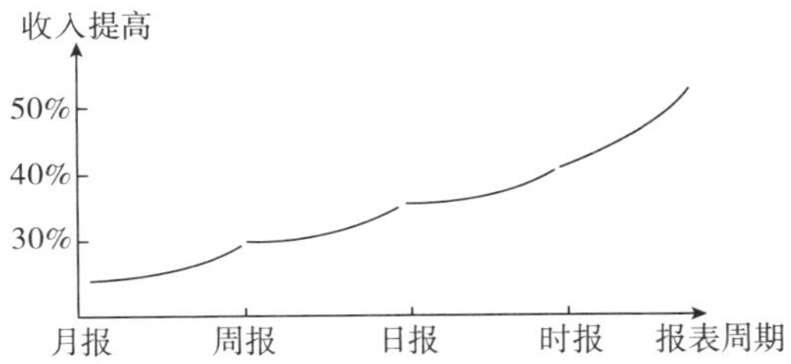

图7－8　报表周期与收入的关系

四、阿米巴报表应用注意事项

应用频率：阿米巴报表频率越高越好，至少到周报，最好到日报。

应用目的：日/周报表用来改善日常工作行为，年/月报表用来制定目标预算以及决策。

应用成本：报表频率决定了报表成本，不能一味追求频率，不考虑报表成本。

思考：阿米巴经营会计对你有哪些帮助？

成果10 阿米巴经营会计报表（月报表与周报表）

阿米巴经营月报

项目		月度目标/预算		本月实际		年度目标/预算		年度实际累计	
		金额	比率	金额	比率	金额	比率	金额	比率
损益核算	收入（以结汇金额计收入）								
	新签合同金额								
	结汇合同金额								
	结汇金额								
	结汇差异金额								
	退税								
	其他收入								
	成本								
	采购成本								

续表

项目		月度目标/预算		本月实际		年度目标/预算		年度实际累计	
		金额	比率	金额	比率	金额	比率	金额	比率
损益核算	订单直接费用								
	其他成本								
	产品开发佣金								
	毛利（收入－成本）								
	巴内费用								
	人员工资								
	营销费用								
	其他费用								
	巴外费用								
	营销费用分摊（展会）								
	设计开发费用分摊								
	公司平台费用分摊								
	收益（毛利－巴内费用－巴外费用）								
	调整项（内部交易规则或合同外异常产生的金额调整）								
	调增项								
	调减项								
	资金占用利息								
	考核收益（收益＋调整项）								
效益指标	总人力成本								
	单位人效比（收益/总人力成本）								

阿米巴经营周报

项目		月度目标/预算		月度实际累计		第一周	第二周	第三周	第四周
		金额	比率	金额	比率				
损益核算	收入（以结汇金额计收入）								
	新签合同金额								
	结汇合同金额								
	结汇金额								
	结汇差异金额								
	退税								
	其他收入								
	成本								
	采购成本								
	订单直接费用								
	其他成本								
	产品开发佣金								
	毛利（收入－成本）								
	巴内费用								
	人员工资								
	营销费用								
	其他费用								
	巴外费用								
	营销费用分摊（展会）								
	设计开发费用分摊								
	公司平台费用分摊								
	收益（毛利－巴内费用－巴外费用）								

续表

项目		月度目标/预算		月度实际累计		第一周	第二周	第三周	第四周
		金额	比率	金额	比率				
损益核算	调整项（内部交易规则或合同外异常产生的金额调整）								
	调增项								
	调减项								
	资金占用利息								
	考核收益（收益+调整项）								
效益指标	总人力成本								
	单位人效比（收益/总人力成本）								

阿米巴经营会计报表应用说明

共性化的财务概念：

收入－成本－费用＝收益

收入－成本＝毛利

毛利－费用＝收益

四项个性化的报表概念

收入：合同和结汇之间的差异。

成本：采购成本＆订单直接费用。

费用：间接费用＆人员工资＆平台公摊。

调增调减项：客户索偿、工厂索偿、内部交易规则违约。

阿米巴经营会计报表应用

周报和月报的表头横栏不一样。

周报可以灵活定义“阿米巴周”，如1—7日，8—15日，6—23日，24—30日。

关注目标预算值和实际完成值之间的比率差异。

从报表倒逼我们的经营和管理

周报：每笔结汇和回款对应每笔合同/订单，本周内完结，成本按系统取数，费用按规则对应到周。

月报：年度目标分解到月，从月分解到周。

流程：业务必须对清账目，财务必须跟进应收。

阿米巴目标预算及收益预测

收入：结汇收入——合同未结汇 & 合同新增结汇预测。

目标：新增合同预测（明年的结汇，提前预测明年的现金流）。

成本：按大数法则测算出成本率和毛利率。

费用：根据历史数据，结合实际变动情况进行反映和测算。

收益：各巴赚亏不一。

盈亏平衡点：公司和各巴都已反映，新增合同反映明年的现金流。

激励说明

预算表上已反映公司的各巴的盈利情况、现金流预测、盈亏平衡点、综合市场、报表和制度情况。

阿米巴经营会计
AMOEBA

第八章

阿米巴经营分析及落地实操

什么是经营分析？经营分析作为管理PDCA闭环（计划、执行、检查和处理）的核心工具，主要围绕阿米巴经营会计报表，以始为终，从差距（事实）出发，总结好的经验，分析差的教训，最终寻求最佳落地策略。另外，还需制定5W2H的行动计划（包括为什么、做什么、何人做、何时、何地、如何做、做多少），旨在进一步提升各阿米巴的业绩。

本章目标

1. 理解：经营分析的流程和要点。
2. 理解：阿米巴经营分析框架。
3. 理解：如何有效开展经营分析。
4. 了解：经营分析“一报一会”机制。
5. 了解：如何召开阿米巴经营会议。
6. 操作：阿米巴经营分析报告形成。

形成成果

1. 全面理解阿米巴经营分析要点。
2. 经营分析成果输出。

第一节　经营分析的流程和要点

什么是经营分析？经营分析作为管理PDCA闭环（计划、执行、检查和处理）的核心工具，主要围绕阿米巴经营会计报表，以始为终，从差距（事实）出发，总结好的经验，分析差的教训，最终寻求最佳落地策略。另外，还需制定5W2H的行动计划（包括为什么、做什么、何人做、何时、何地、如何做、做多少），旨在进一步提升各阿米巴的业绩。

一、阿米巴经营分析的目的和重点

阿米巴经营分析的目的：推动各巴以达成目标或预算为导向，基于数据和报表分析、解决问题，持续改善经营状况。

重点：找出差异（经营中存在的主要问题或亮点）；分析原因；制订改善措施或行动计划。

例如：

问题：我们单元的经营业绩好吗？

原因：什么影响了我们单元的经营业绩？

对策：我们如何有针对性地进行改善？

成果11　全面理解阿米巴经营分析要点

	现状	目标
目的	总结过去—执行检查—部署工作	评估—问题—目标—措施计划
结果	经营分析 PPT/会议纪要（过去）	经营分析报告 + 下月目标与计划（未来）
应用	有心的人会去跟进，注意力不集中的听听散会	工作组织、资源调配的依据 PDCA
谁在分析	财务、收益总监	巴长为主，财务与收益总监为指导
分析内容	指标为主	效益 + 效率
分析方法	对比分析法（同比、环比）	对比（目标）、指标、结构、趋势
分析工作组织	由上到下、通报、领导部署	先基层，再整体

二、经营分析基本流程

经营分析的基本流程指确定模板、进行财务数据分析、业务分析、召开经营分析会议等（如图 8 – 1 所示）。

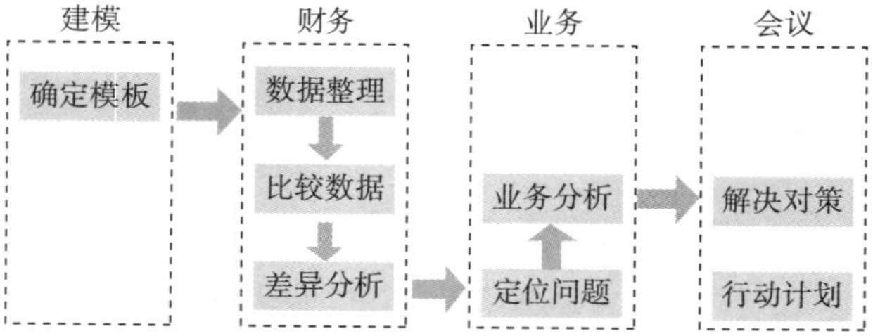

图 8 – 1　经营分析基本流程

三、经营分析常用方法

经营分析常用方法，主要有比较分析法、趋势分析法、因素分析法和指标分析法等（见表8－1）。

分析对象维度：子公司维度、客户维度、区域维度、产品维度、项目维度。

表8－1　经营分析常用方法

分析法	常用举例
比较分析法	预算—实际，本期—上期，本年—上年
趋势分析法	收入增长率、销售毛利率变动
因素分析法	毛利率下降、售价、销售结构、产品成本
指标分析法	销售毛利率、费用率

四、经营分析常见问题

经营分析常见问题主要有如下几点：

管理：主管没热情，认为对自己的管理没有利用价值，不分期、不讲解。

编制：财务与业务没有共同参与分析。

分析：机械套用模板，单列数字；把握不住重点，没人揭示根本性问题；没有深入分析数字背后业务的原因；定性描述，缺乏定量分析。

计划：上月分析界定的问题，没有拿出有针对性的措施，没有形成闭环。

第二节　阿米巴经营分析框架

阿米巴经营分析框架包括经营会计报表、数据和资料。会前基于数据和报表分析、解决问题，持续改善经营状况；会中进行质询并制订行动计划；会后跟踪落实。如图 8－2 所示。

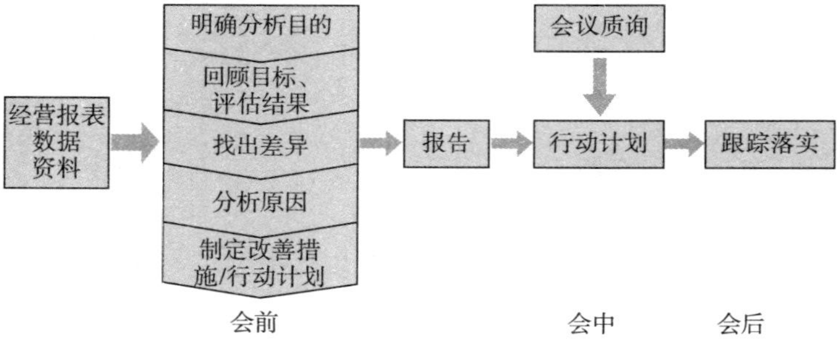

图 8－2　阿米巴经营分析框架

一、阿米巴经营分析的数据来源

1. 经营会计报表

这部分主要指阿米巴经营月报表，列出巴收入、成本、毛利、费用、收益、总人力成本、单位人效比等。

2. 项目经营状况

这部分数据主要来自经营状况统计表，列出各项收入、成本、毛利、回款、销售前十大客户分析、利润前十大客户分析、产品毛利分析等。

3. 费用明细

各类费用明细表；费用各科目金额。

4. 现金流量

现金流量包括现金收入情况（现金收入、现金支出、现金盈亏）、应收应付统计（应收账款、应付账款）等。

二、阿米巴经营数据分析方法

阿米巴经营分析，主要是进行差异分析并制定改进措施（如图 8－3 所示）。

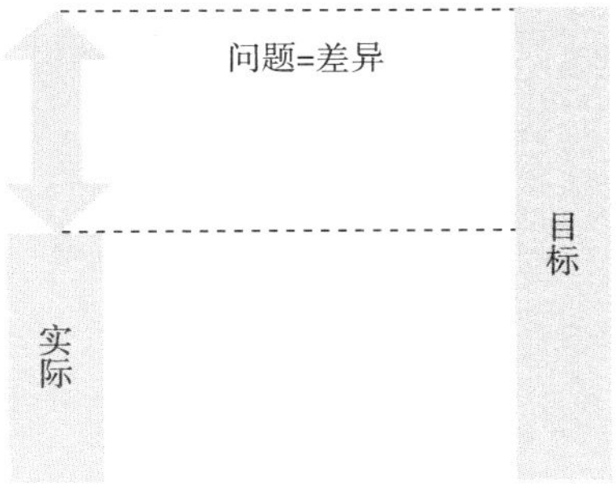

图 8－3 阿米巴经营分析的目的

在财务方面，主要进行比率分析、结构分析、趋势分析。

比率分析主要统计各项成本费用所占的比率，如表8－2所示。

表8－2 阿米巴经营分析——比率分析

核算科目	本年度目标		本年度累计	
	金额	比率	金额	比率
成本				
项目成本				
内部加工制作费				
内部制图费				
项目其他费用				
其他成本				

结构分析主要研究某一部门各项费用的结构占比，从而确定重点控制科目，如图8－4所示。

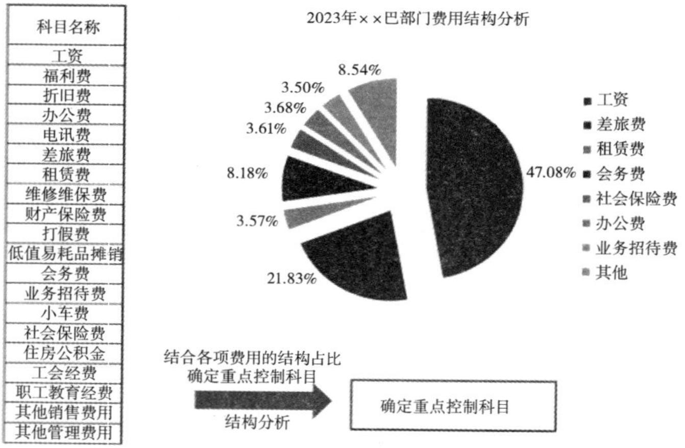

图8－4 阿米巴经营分析——结构分析示例

在原因/对策方面，主要进行鱼骨图分析、形势思维导图等。鱼骨图分析法示例如图8－5所示。

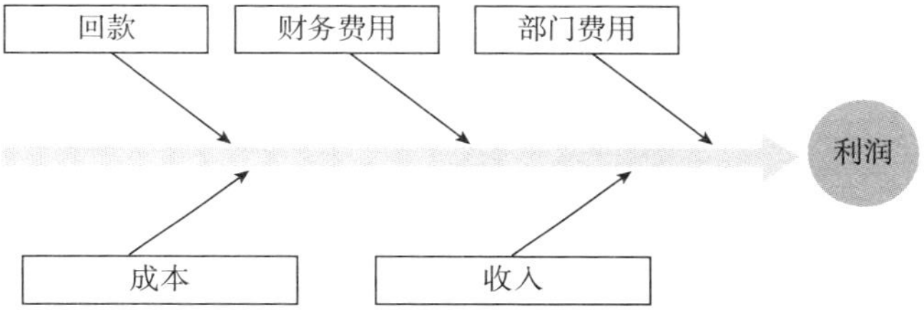

图8－5　鱼骨图分析法

第三节　如何有效开展经营分析

一、有效开展经营分析的四个问题

如何有效开展经营分析，主要从四个问题展开。

问题 1：经营分析给谁看、谁分析？

经营班子：发现问题，改进公司的管理，提高经营效率。

上级单位：为了加强监督监管，防止舞弊。

问题 2：经营分析有用吗？

能否揭示出经营中存在的问题？这首先需要巴长和财务人员有足够的数据敏感，可从业务角度找到数据异常的原因。

能否推动解决业务问题？这等于把经营分析当成了管理工具，揭示问题的能力取决于分析人员的财务分析能力及其业务的融合度，解决问题则需要一把手的认同与参与。

问题 3：怎么分析？

阅读机制：阿米巴经营会计报表出来后，利用阿米巴周会、月会机制，组织阿米巴成员一起看阿米巴报表，分析阿米巴报表。

怎么分析阿米巴报表？

看总体：看总体收益，以收益为起点，看本期数据以及累计数据与目标的对比情况，从整体结果可快速预警经营状况。

看收入：检查销售与回款进度。从收入的目标进度与达成率，看本期数据及累计数据与目标的对比情况，对照目标找到差距和问题，制定加快销售、及时回款的有效措施。

看支出：重点在于进度匹配。看本期支出与预算的差异，包括本期数据及累计数据，重点关注实际是否超标、费用支出与计划是否匹配、付款履约情况等。

看细项：用数据准确定位问题。从可控、金额大的项目看起，特别关注异常的项目，分析其原因。全员参与阅读报表，巴长带着本巴成员一起阅读报表，一块分析、讨论。

问题4：经营分析报告从哪里开始？

先从KPI复盘，找出问题，挖出业务不足的原因，并提出改进建议。

从损益表开始，确定当期主要问题，细化问题项目。

分析报告的基本框架：主要KPI完成情况；上期重大问题回顾。

专项分析：增长性分析、盈利性分析、流动性分析。

最后是重要问题总结、本期预测与计划等。

二、有效开展经营分析的操作要点

特点：围绕报表进行，紧扣KPI。

分析贴近财务金三角，为管理服务，闭环作业。

第一个闭环：上期重点问题的解决。

对于上期会议确定的重大问题，反馈解决的进展情况。具体示例见表 8－3。

表 8－3　重点问题解决方案进展

存在的问题	拟改进措施	时间节点	责任人

第二个闭环：主要财务 KPI 完成情况。

以报表的形式反映主要财务 KPI 的完成情况，圈出其中完成的亮点及暗点，根据需要重点分析，如图 8－6 所示。

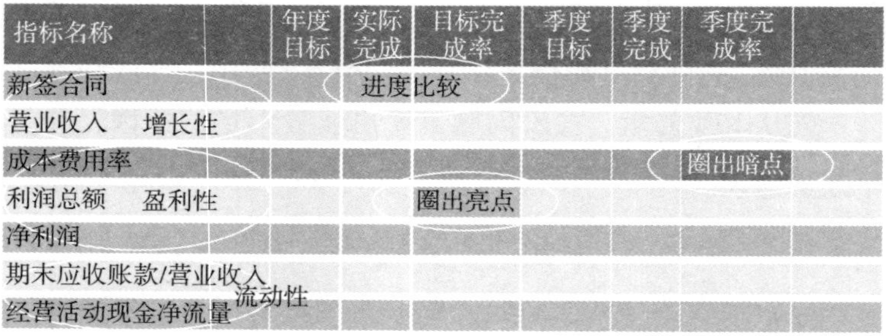

图 8－6　主要财务 KPI 完成情况

亮点：完成明显超标，增长较明显。对亮点指标点注即可，无须大幅度分析说明。

暗点：未完成目标，进度落后或比上期恶化的指标，对严重暗点要重点专项分析。

风险点：对目标完成情况存在影响的不确定因素，分析同暗点。

预测是打通财务与业务联系的绝好工具。预测让财务分析的质量有了衡量标准。预测是强考核导向在财务上的运用。

预测的目的：提高经营管理的前瞻性，优化资源配置结构，不断调整经营方向，预见并规避风险。

第四节　经营分析 “一报一会” 机制

阿米巴经营分析的“一报一会”机制，是保障阿米巴经营模式落地的重要机制。

一、经营分析“一报一会”机制

报，即阿米巴经营分析报告；会，即经营分析报告质询会。

在经营分析“一报一会”机制中，负责人是巴长，参与人员是上级巴长、上级经营班子成员、本巴骨干。

经营分析报告的编写，主要由巴长、财务、业务线（销售、生产、采购）一起完成。

主要报告人是巴长，可以说，经营分析是以巴长为中心的“一把手工程”。

二、建立经营分析模板

有效开展阿米巴经营分析，就要建立统一的经营分析模板，尽量利用 OA 等现有数据与报表系统，与现有表单管理机制结合，形成经营管理跟踪套表。

三、经营分析模板构建注意事项

阿米巴经营分析是一把手工程，需要财务与业务共同参与，依托经营会计报表，模板化作业，目的是解决问题，无须面面俱到，参照标准，滚动预测，多种方法对照分析，形成 PDCA 闭环管理思维。如图 8－7 所示。

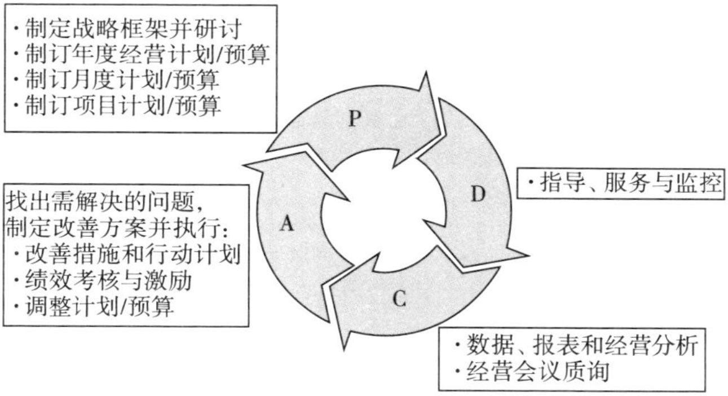

图 8－7　公司战略与运营的 PDCA 循环

第五节 如何召开阿米巴经营会议

阿米巴经营总结会系统，包括总结会周期和总结会内容（见表8－4）。

表8－4 阿米巴经营总结会系统

总结会周期	1. 日例会：每天上班前和下班后进行总结 2. 周例会：对每一周的经营状况进行总结 3. 月例会：对每个月的经营情况进行总结
总结会内容	1. 按经营核算表的科目分别进行数据分析 2. 与目标进行比较，并进行同比和环比，找出经营差距 3. 形成各种改善方案，确定下阶段工作重点、目标和计划

注意：下级阿米巴分别召开完各巴经营分析会后，再召开公司经营分析会。

一、阿米巴经营会议目的

（1）总结业绩、制订计划——形成PDCA工作闭环。

（2）贯彻战略、明确目标，传递企业高层经营管理决策。

（3）查找原因、分析原因、制定对策，提升业务能力。

（4）培养经营管理人才（质询、问题解决、经营意识）。

（5）统一意识，加强沟通，密切合作。

二、阿米巴经营会议原则

（1）聚焦主题。以事实数据为基础，对事不对人，不陷入细节讨论。

（2）不找借口，不推卸责任。

（3）总结有分析，计划有措施，关注持续改善。

三、业绩跟踪与质询系统

业绩跟踪与质询系统，是用事实与数据构筑战略实施的基础，构成一个循环闭环的系统。

业绩跟踪与质询系统包括四大部分：数据收集、报表填写、会议质询、计划更新。

四、阿米巴经营会议目标

阿米巴经营会议的目标包括业绩分析与检讨、计划制订两部分，详见表 8－5。

表 8－5 阿米巴经营会议目标

业绩分析与检讨	计划制订
分析结果：是否与目标达成一致。 ——业绩好吗？ 检讨差距：有无与目标的对比分析，有无找到亮点和不足。 ——什么影响了业绩？	制订计划：部门目标与公司目标一致，部门关键行动措施可以保证计划顺利实施及达成部门目标与公司目标。 ——如何针对性改善？

五、阿米巴经营会议流程

阿米巴经营会议需要按不同系统、层级分别召开，具体流程见表8－6。

表8－6　阿米巴经营会议流程

序号	议程内容	责任人	时间
1	主持人介绍会议纪律、会议流程（含汇报顺序），以及会议基本原则	主持人	
2	经营状况整体汇报（分层、分类会议）	公司级：企管部经理；一级巴：巴长	
3	各下级阿米巴巴长按汇报顺序逐一汇报，质询人逐一对其报告进行质询，会议秘书进行相关事宜记录	汇报人/质询人及相关人员	
4	其他相关补充		
5	会议秘书汇总会上质询人发出的指令，并进行现场通报、确认		
6	质询人进行会议总结		
7	主持人宣布会议结束		

六、阿米巴经营会议资料

阿米巴经营会议资料分输入与输出两部分，输入部分主要是会前的资料准备，输出部分主要是会议结果，详见表8－7。

表8－7 阿米巴经营会议资料

资料准备（输入）	会议结果（输出）
上月月度经营会计报表 上月月度经营分析与检讨报告 本月月度经营计划	会议纪要/报告 改进措施或改善专案 本月月度经营计划（修订）

七、阿米巴经营会议角色

阿米巴经营会议角色主要有主持人、秘书，他们的任务包括以下几点：

（1）把控时间：把控会议的流程、时间。

（2）把控效果：寻找差距、分析原因、制定措施。

（3）把控措施：这里的措施包括改进措施、改善专案。

（4）把控原则：质询的原则。

（5）目标导向：关注会议方向是否偏离公司目标或公司重大举措。公司关注什么、鼓励什么，就检查什么！

（6）实事求是：关注经营状况是否有业绩报表系统支持。以事实和数据为基础，以解决问题为目的，对事不对人。

（7）行动措施：会议结果是否关注改进措施和关键行动措施？不仅要质询业绩，还要关注下一阶段的关键行动措施，并指定责任人。

操作

会议角色演练质询话术。

1. 质询业绩。

2. 计划质询。

3. 业绩汇报（对于改进措施，汇报人应明确时间底线和阶段性结果）。

4. 计划汇报。

5. 主持开场：会议纪律、会议流程、会议原则。

第六节　阿米巴经营分析报告形成

阿米巴经营分析报告形成，要求财务理论业务化、财务语言通俗化、财务指标标准化、财务输出模块化。模块化是经营分析输出的基本要求。

阿米巴经营分析报告的具体要求：上级将自己的意图直接说出来；交付格式统一，便于汇总；填表时直奔主题，下级省事；关注点明确，减少上级的无效阅读。

一、阿米巴经营分析报告的关键事项

1. 目标完成情况（见表8－8）

表8－8　阿米巴经营分析报告的目标完成情况

类别	指标细项	目标值	实际值	差异值
财务/业务目标				
管理目标				

2. 重点事项开展情况

例如：重点客户开发，重点项目进度。

3. 差异分析

找出重大差异项，分析原因，制定改善措施（见表8－9）。

表8－9　阿米巴经营状况差异分析

序号	指标	目标值	实际值	差异值	原因分析	主要措施

4. 改善措施/行动计划

制订下月计划，汇总改善措施/行动计划（见表8－10）。

表8－10　阿米巴经营改善措施/行动计划

指标项目	上期实际值	目标值	主要措施	行动计划	进度安排		协助人	实际进展
					开始时间	计划完成时间		

二、经营会计周报表与经营分析会

操作流程：

1. 经营会计周报表的主要作用

记录每周销售收入及各支出科目的实际发生额；对比周

报表中预先载明的收入及各支出科目可控费用的基准值，计算实际发生额与基准值之间的偏移。

2. 阿米巴经营会计周报表填报

各阿米巴经营单元周报表由本单元自行填报，并在报表后附上当周经营分析报告。

3. 阿米巴经营会计周报表上传

各一级经营单元周报表及经营分析报告于次周上传公司信息系统，以供各有关领导和部门凭权限读取。

4. 经营单元周报表模板

周报表模板见第七章成果10。

5. 经营单元周经营分析会

基层阿米巴经营单元周经营分析例会每周召开一次，可利用班后时间进行；周经营分析例会由巴长主持，全员参加讨论。

6. 周经营分析会内容

对照周报表中反映的上一周经营偏移值，总结正面的经验，查找不足的原因；针对差距制定改善措施，明确改善的重点；将改善措施落实责任到员工个人。

三、经营会计月报表与经营分析会

操作流程：

1. 阿米巴经营会计月报表的主要作用

通过经营会计月报表核算当月超额利润；根据超额利润以及提前规定的提奖比例提取奖金；对照各主要科目的基准成本核算当月实际成本的正负偏移，为经营分析提供依据。

2. 阿米巴经营会计月报表填报

各阿米巴经营单元月报表由本单元自行填报，并附上本单元月度经营分析报告。

3. 阿米巴经营会计月报表上传

一级阿米巴经营单元在下月完成本单元月报表，提交企划部；企划部在下月完成各阿米巴经营单元月报表的审核，反馈给提交单元，并将最终报表及经营分析报告上传公司信息系统，供有关领导和部门凭权限读取。

4. 经营单元月报表模板

月报表模板见第七章成果10。

5. 经营单元月经营分析会

各经营单元月经营分析会每月召开一次。经营分析会遵循自下而上的原则，逐层召开。经营分析会由各阿米巴经营单元负责人主持。基层经营单元分析会由各单元全员或骨干员工参加，上级经营单元分析会由各下级机构负责人参加，必要时可邀请巴外相关部门人员参加研讨。

6. 经营单元月经营分析会的主要内容

听取下级机构本月工作报告，分析本单元本月超额利润实现情况；集思广益，查找不足，研讨改善措施，形成实施方案；将实施方案形成行动计划，分解到员工个人；做出月度经营分析报告，上报有关领导。

7. 公司经营分析会

公司阿米巴经营分析会每月召开一次。公司经营分析会由企划部主持，公司经营委员会领导参加会议。

8. 公司经营分析会内容

听取各一级经营单元经营分析报告；研讨主要问题的解决措施，特别是对跨部门问题达成共识。

9. 公司经营分析会结果

公司企划部做出《公司阿米巴月度经营分析报告》，上传公司信息系统。

成果12 经营分析成果输出

1. 经营分析台账报表
2. 经营分析报告模板
3. 经营分析会

操作

编写经营分析报告

1. 框架构建研讨

包含计划表、销售分析、项目成本分析、销售完成情况分析、资金计划。

2. KPI 分析

包含收入、回款、进度、成控、品牌。

分析 1：从项目收支计划表分析什么？

资金流入 + 资金流出 = 资金余额

应分析的关键科目

分析 2：收入完成情况分析。

分析 3：项目成本费用分析。

业务进度与支出进度匹配、预算与实际差额，科目重点：关注可控。

分析 4：业务进度。

业务进度对比、障碍点与对策；费用计划与实际；业务绩点费用投放统计、与阿米巴目标对比。

分析 5：小组分析。

（1）依照模板，确定每个经营会计报表需要分析的关键指标。

（2）建立指标分析方法，模板化。

（3）明确模板构建人员，完成模板构建。